STUDIEN UND SKIZZEN

ZUM

ENGLISCHEN STRAFPROZESS DES DREIZEHNTEN JAHRHUNDERTS

VON

DR. CARL GÜTERBOCK,
PROFESSOR DER RECHTE ZU KÖNIGSBERG.

BERLIN 1914.
J. GUTTENTAG, VERLAGSBUCHHANDLUNG,
G. M. B. H.

Inhalt.

Das dreizehnte Jahrhundert und die Anfänge des vierzehnten sind von besonderer Bedeutung für die Geschichte des englischen Rechts. In dieser Periode, der Regierungszeit der Könige Heinrichs III. und Eduards I., wurden wichtige Grundsätze des Common Law festgelegt; auch die Gesetzgebung begann bereits ihre ergänzende Tätigkeit zu entfalten; und zahlreiche Rechtssprüche legen Zeugnis ab von der fruchtbaren vielseitigen Tätigkeit der richterlichen Praxis. Derselben Periode gehören auch die Rechtsaufzeichnungen an, die den damaligen Zustand des Rechts getreu widerspiegeln und als wertvolle Quellen seiner Erkenntnis dienen.

Für den Strafprozeß vollzog sich in jener Zeit die Ausbildung und Befestigung jenes, dem englischen Rechte eigenartigen Gebildes der Mitwirkung von Gemeinde- und Nachbarausschüssen bei Entscheidung der Schuldfrage, das wir Schwurgericht zu nennen pflegen. Damals wurden die Formen geschaffen, die dem Strafverfahren sein charakteristisches Gepräge gaben, deren Einfluß sich jahrhundertelang erhielt und deren Spuren wir noch bis in die Gegenwart verfolgen können.

Eine vollständige Darstellung des englischen Strafverfahrens hier zu geben, ist nicht beabsichtigt; nur einzelne besonders interessante Seiten davon sollen skizziert und einige Fragen näher untersucht werden, deren Lösung bisher nicht völlig gelungen erscheint. Den Stoff zu diesen Untersuchungen und Skizzen haben vornähmlich die in dieser Periode entstandenen Rechtsbücher geliefert. In erster Linie der um 1259 vollendete umfangreiche Tractatus de legibus et consuetudinibus Angliae des Henricus de Bracton (Ausgabe von Sir Travers Twiss 1879), dann der um 1290 entstandene, als Fleta bekannte Commentarius iuris Anglicani (London 1685), sowie das derselben Zeit angehörige, auf den Namen Britton gehende Rechtsbuch (Ausgabe von Nichols 1868). Der sog. Mirrour of Justices ist wegen seiner Unzuverlässigkeit außer Betracht gelassen.

Neben den erwähnten Rechtsbüchern sind einige Sammlungen von Rechtssprüchen herangezogen, so die von F. W. Maitland herausgegebenen Pleas of the Crown for the County of Gloucester aus dem Jahre 1221 (London 1884) und die von A. G. Heywood edierten Yearbooks of the reign of King Edward I. für die Jahre 1302 und 1303 (London 1868).

I.

Die Placita Coronae. Organe der Strafrechtspflege.

Bracton hat dem Systeme seines Werkes die bekannte Dreiteilung der Institutionen Justinians zugrunde gelegt. Nachdem er im ersten Buche von den Personen, im zweiten von den Sachen, deren Einteilung und Erwerbsgründen gehandelt hat, wendet er sich im dritten Buche zu den Actionen. Dies Buch zerfällt in zwei Traktate; der erste de actionibus handelt von den Obligationen und verschiedenen Arten der Klagen im allgemeinen; darunter wird auch der actiones criminales gedacht, und bei dieser Gelegenheit werden in fast wörtlicher Wiedergabe von Digestenstellen einige Bemerkungen über die Strafen und die Bestrafung gemacht[1]). Der zweite Traktat, de Corona überschrieben, ist ausschließlich dem Strafverfahren gewidmet[2]).

Zur Strafverfolgung konnte es — abgesehen von den Fällen handhafter Tat — auf zwiefachem Wege kommen, entweder durch eine von dem Verletzten erhobene Anklage, Appellum, oder auf Grund eines

---

[1]) Vgl. Bracton, de action. c. 6 mit L 6—8 u. 11. 16 D. de poen. 48. 19.

[2]) Der Traktat zerfällt in 37 Kapitel, und diese in Paragraphen. Wenn im folgenden Bracton ohne Zusatz zitiert wird, ist stets dessen Tractat de Corona gemeint.

im sog. Rügeverfahren beschlossenen Indictamentum. Bracton sieht den ersten Weg so sehr als den regelmäßigen an, daß der weitaus größere Teil seiner Darstellung sich mit ihm beschäftigt. Für die verschiedenen Arten der Straffälle erörtert er die Voraussetzungen und Formen der Anklage die dagegen geltend zu machenden Einwendungen, die zu benutzenden Überführungs- und Verteidigungsmittel und die Feststellung der Schuldfrage. Nur unter diesen prozessualischen Gesichtspunkten werden die Tatbestände der Verbrechen besprochen. Man ersieht daraus, daß das materielle Strafrecht sich noch nicht zu einem selbständigen Zweige des Rechtssystems entwickelt hat; nur bruchstückweise, in Anlehnung und in Abhängigkeit vom Strafverfahren, gewissermaßen als ein Annex dieses kommt es zur Geltung.

Das Verfahren in Strafsachen gestaltete sich verschieden, je nachdem die Fälle bei den höheren, den königlichen Gerichten zur Verhandlung kamen oder zur niederen Gerichtsbarkeit der einzelnen Grafschaften gehörten[1]). Sachen der ersten Art waren die Placita Coronae, so genannt, weil sie entweder den König oder dessen Thronrechte unmittelbar angingen, oder sich als Verletzungen des allgemeinen Landesfriedens, des Königsfriedens darstellten. Es waren die crimina majora, wie Bracton sie nennt, die schwersten mit Todes- und anderen Kapitalstrafen bedrohten Verbrechen, die darunter fielen. Für sie ward die Bezeichnung feloniae üblich[2]), und

[1]) Glanvilla I, 1 deutet diesen Unterschied in den Eingangsworten seines Werkes an: „placitorum criminalium aliud pertinet ad coronam dom. regis, aliud ad vicecomites provinciarum.

[2]) Schon bei Glanvilla kommt dieser Ausdruck vor, z. B. XIV, 1.

wenn diesem Worte auch ein fest umgrenzter Begriff noch nicht entsprach, so war ihnen doch gemeinsam, daß sie nur vorsätzlich begangen werden konnten. daß sie der ausschließlichen Kompetenz der königlichen Gerichte unterlagen, und daß sie neben der verhängten Strafe Vermögensnachteile, wie Einziehungen u. a., zur Folge hatten.

Bracton bespricht die einzelnen Feloniefälle. Er beginnt mit dem gegen den König gerichteten crimen laesae majestatis (c. 3 § 1) und einigen die Rechte der Krone verletzenden Fälschungen, wie Fälschung königlicher Siegel, Urkunden und Münzen (c. 3 § 2), ferner Aneignung von Schatzfunden und andrer dem König vorbehaltenen res nullius (c. 3 § 3—3 § 5).

Es folgen dann die gegen Personen gerichteten strafbaren Handlungen, die zugleich schwere Brüche des Königsfriedens enthalten [1]). An der Spitze, gewissermaßen als typisches Beispiel dieser Brüche steht die Tötung in ihren beiden Gestalten, homicidium und murdrum (c. 4, 5, 15, 19—21) im Gegensatz zu dem homicidium per infortidutum et casuale (c. 17). Es schließen sich daran: Verwundungen, appellum de pace et plagis (c. 23), Verstümmelungen, mahemium (c. 24), Freiheitsberaubung, app. de pace et imprisonmento (c. 25), Raub, roberia (c. 26), Brandstiftung, app. de iniqua combustione (c. 27), und das crimen raptus (c. 28). Den Schluß bildet das furtum (c. 30—32), das bei Bracton jedoch eine Sonderstellung insofern einnimmt, als es nur bedingt zu den Felonien rechnet, da die meisten Diebstähle als Verletzungen des

---

[1]) Daher in den Formen der Appella stets die Worte „nequiter et in felonia et contra pacem Dom. Regis" aufgenommen werden mußten.

niederen Grafschaftsfriedens auch der niederen Gerichtsbarkeit anheimfallen. Zugleich bildet das furtum den Übergang zu den geringeren Vergehen, den crimina leviora oder transgressiones, wie Beleidigungen, leichte Schläge, widerrechtliche Pfändungen u. a., die meist im Wege des Zivilverfahrens verfolgt wurden, wenn aber, strafrechtlich ebenfalls von dem niederen Gericht ihr Recht empfingen [1]).

Da Bracton den Stand des Common Law seiner Zeit wiedergibt, ist anzunehmen, daß mit den von ihm aufgeführten der Kreis der von dem geltenden Recht anerkannten Felonien geschlossen sei. Er hätte sicherlich nicht versäumt, die Klageformen für weitere Fälle zu überliefern. Sein Schweigen ist in dieser Beziehung beweiskräftig.

Bei den unmittelbaren Nachfolgern Bractons, bei Fleta und Britton, tritt uns zunächst das gleiche Bild entgegen; auch in ihren Darstellungen treffen wir auf die nämlichen Felonien wie bei jenem, nur in etwas veränderter Anordnung [2]). Beide lassen aber zugleich eine Weiterbildung des Rechts erkennen, die sich in den letzten Jahrzehnten jenes Jahrhunderts vollzogen haben muß. Fleta und Britton kennen unter der Bezeichnung traditio, tresoun, einen Bracton unbekannten Fall von Felonie. Er umfaßt gewisse schwere Verfehlungen eines Untergebenen gegen seinen Herrn, die die spätere Jurisprudenz als petit treason im Gegensatz zu dem Hochverrat zu bezeichnen pflegte [3]).

---

[1]) Bracton c. 37.

[2]) Fleta I 21—23, 31—41; Britton I 6—12, 16, 23, 24.

[3]) Fleta I 37, § 4 Traditores qui dominum dominamve interfecerint vel qui cum uxoribus dominorum suorum vel

Britton (nicht aber Fleta) zählt zu den Felonien noch burgeson (burglary), d. h. den gewaltsamen nächtlichen Einbruch in Gebäude, das dem alten angelsächsischen hamesokne entsprach[1]).

Wenn endlich beide, Fleta wie Britton, in Verbindung mit Brandstiftung noch Zauberei und Sodomiterei erwähnen, so darf daraus nicht geschlossen werden, daß diese Verbrechen als Felonien im geltenden Recht angesehen wurden[2]), denn sie standen damals als Arten der Häresie unter der geistlichen Gerichtsbarkeit, und der weltliche Arm hatte nur auf Grund des kirchlichen Urteils die übliche Todesstrafe zu vollziehen.

Eine Erweiterung des Kreises der Felonien und damit der Placita coronae erfolgte erst später durch besondere Gesetze.

Es bleibt noch, um Wiederholungen in den folgenden Abschnitten zu vermeiden, einiges über die Strafgerichtsbarkeit und deren Organe im damaligen England zu sagen.

Oberstes Gericht für das Reich war die Curia Regis am Hofe des Königs, besetzt mit dessen nächsten Räten, Baronen, Prälaten und Rechtsgelehrten. Ursprünglich hatte sie keinen festen Sitz, sondern begleitete den König auf seinen Reisen und hielt ihre Sitzungen überall da, wo er sich gerade befand. Dieser von den Parteien schwer empfundene Mißstand führte zu der Bestimmung der Magna Charta a. 17[3]); fortan blieb der

---

filiabus vel nutricibus dominorum concubuerint vel sigilla dominorum falsaverint usw. Ähnlich Britton I 9.

[1]) Britton I 11.

[2]) Fleta I 37, § 2, 3; Britton I 10.

[3]) Magn. Chart. a. 17 Communia placita non sequantur curiam nostram sed teneantur in aliquo certo loco.

Sitz der Curia regis Westminster. Von den verschiedenen Abteilungen, in die sie zerfiel, waren die sog. Justiciarii in banco sedentes besonders mit der Strafgerichtsbarkeit in erster und letzter Instanz befaßt. Sie waren die Vorläufer des bekannten Kings-Bench-Gerichts.

Die placita coronae wurden aber nur ausnahmsweise vor der Curia Regis verhandelt, meist geschah dies vor den von dem Könige in die Lande entsandten Kommissarien, den reisenden Richtern und anderen Delegierten, die in seinem Namen die Strafgerichtsbarkeit übten. Von ihnen später.

Das Land zerfiel in Grafschaften (comitatus, shire), an deren Spitze je ein vom König ernannter Beamter, der Vicecomes (sheriff) stand. Ihm lag die Ausübung der königlichen Autorität auf den verschiedenen Gebieten der Verwaltung, die Wahrung der königlichen Gerechtsame, die Sorge für die öffentliche Sicherheit und die Ausführung der ihm zugehenden königlichen Befehle und Anweisungen (brevia, writs) ob; er übte außerdem die gleich zu erwähnende Gerichtsbarkeit aus. Ein Stab von Unterbeamten, Bailiffs, Serjants, Schreibern u.a. stand ihm zur Verfügung.

In jeder Grafschaft waren ein oder mehrere coronatores (coroners) als Friedensbewahrer bestellt[1]). Sie hatten für Erhaltung der Ruhe und Sicherheit in ihrem Bezirke zu sorgen; bei allen Todesfällen, die durch Elementarereignisse, Unfälle oder durch strafbare Handlungen bewirkt wurden, hatten sie unter Zuziehung zu beeidigender Nachbarn „super visum“ den objektiven Tatbestand und die Todesursache festzustellen und den etwa

---

[1]) Über die Stellung der Coroners: Bracton c. 8; Fleta I 18; Britton I 3.

Schuldigen zu ermitteln. Das gleiche galt auch bei Verwundungen und in einigen anderen Fällen. Anzeigen und Anklagen konnten beim Coroner angebracht werden, ihm stand der erste Angriff zu. Seine Protokolle (records) hatten als Urkundszeugnisse öffentlichen Glauben. Die von ihm aufgenommenen Verhandlungen hatte er nebst den etwa vorläufig festgenommenen Verdächtigen dem Vicecomes zu übersenden.

Nun zu den unteren Organen innerhalb der Grafschaft. Jede Grafschaft zerfiel in eine Anzahl von Hundertschaften (hundreda, im Norden wapentakia genannt). Ursprünglich Genossenschaftsverbände, sind sie später territoriale Bezirke geworden, während die in ihnen bestehenden Zehnverbände (decennae, tihings) ihren persönlichen Charakter beibehalten haben. Die Hundertschaft wird gebildet von den eingesessenen freien Grundbesitzern, sowohl den milites, d. h. den zu Kriegsleistungen Verpflichteten, als auch den sonstigen liberi homines s. tenentes, entsprechend den späteren freeholders. Die mit Lehngütern von der Krone ansässigen Barone und höheren Geistlichen, und manche mit Herrensitzen (manoria) angesessenen Grundeigentümer waren von der Hundertschaft eximiert, sie bildeten mit ihren Hintersassen eigene Verbände. Die dörflichen Siedelungen und die kleineren offenen Städte, beide mit dem mehrdeutigen Ausdruck villae, villatae bezeichnet, bildeten Teile der Hundertschaft, sofern sie nicht von einem bestimmten Grundbesitzer als dessen Hintersassen abhängig waren. Die größeren, mit Wall oder Mauern umfriedeten Städte, burga (boroughs) genannt, standen regelmäßig außerhalb des Hundertschaftsverbands und wurden als eigene Hundreden behandelt. Gewissen größeren Städten, wie London, Lincoln, Yorck und anderen, waren durch besondere königliche Freibriefe (Charters) eigenes Städterecht, mit eigener Munizipal- und Gerichtsverfassung verliehen worden. Sie fielen natürlich nicht in den Bezirk der Grafschaft.

Die Hundertschaften wirkten bei den verschiedensten öffentlichen Angelegenheiten mit und hatten vielseitige Aufgaben in der Verwaltung zu erfüllen. Sie hatten über alle wichtigen Vorkommnisse Auskunft zu erteilen, die in ihrem Bezirke begangenen Verbrechen und die dabei Verdächtigen zur Anzeige zu bringen und bei eigener Verantwortlichkeit die Handhabung der Strafrechtspflege zu unterstützen (Rügepflicht). Es geschah dies regelmäßig durch aus ihren Genossen ausgewählte zwölfgliedrige Ausschüsse inquests, juratae, wobei die beteiligten Villatae durch besonders gewählte Vertreter, den Reeve und vier bis sechs gewählte Eingesessene, mitwirkten. Den Sheriff vertrat der Hundertschaft gegenüber einer seiner Bailiffs[1]).

Innerhalb der Grafschaft wurde die Gerichtsbarkeit in Strafsachen geübt von dem Vicecomes in seiner Curia comitatus, die er mit den zur Gerichtsfolge verpflichteten angesehenen Beisitzern (sectatores) von Zeit zu Zeit abhielt. Die anfänglich ihm für gewisse Fälle der placita coronae zustehende Kompetenz ist durch die Bestimmung der Magna Charta a. 24 endgültig beseitigt worden[2]). Fortan hatte das Grafschaftsgericht sich nur mit der Verhandlung und Entscheidung der Straffälle niederer Ordnung zu befassen. Neben der eigenen Ge-

[1]) Über die Munizipalverhältnisse vgl. das ausgezeichnete Werk von Vinogradoff, The Growth of the Manor, London 1905.

[2]) Nullus vicecomes, constabularius, coronatores vel alii ballivi nostri teneant placita coronae nostrae.

richtsbarkeit des Vicecomes kam seine richterliche Tätigkeit noch in dem sog. Turnus (sheriffs tourn) in Betracht. Dieser Turnus bestand darin, daß er alljährlich zu bestimmten Zeiten die einzelnen Hundreden besuchte, aus ihnen die angesehensten Genossen in der üblichen Zwölfzahl auswählen ließ, diesen bestimmte Fragestücke vorlegte und sie auf deren wahrheitsgetreue Beantwortung beeidigte. Die Berichte dieser Geschworenen bezogen sich auf die verschiedensten Gegenstände der Verwaltung, vornehmlich aber auch enthielten sie die Rügen oder Präsentationen (Presentment) wegen der zu ihrer Kenntnis gelangten strafbaren Handlungen. Sache des Vicecomes war es, diese Berichte zu prüfen und das zur Verhandlung vor den königlichen Richtern Erforderliche zu veranlassen. Feststellung der Schuld der Verdächtigen war nicht seine Aufgabe, wohl aber hatte er ihr Erscheinen vor den Richtern durch Festnahme oder Bürgenstellung zu versichern. An ihn gelangten die Records über die vorläufige Tätigkeit der Coroners; auch bei ihm konnten die Anklagen angebracht und beurkundet werden. Seine Registratur enthielt somit die Sammlung aller wichtigen Kriminalakten aus der Grafschaft[1]).

Die den Vicecomites anvertrauten Machtbefugnisse wurden nicht immer zum Wohle der Grafschaft und ihrer Eingesessenen geübt. Ein ständiges Kapitel bilden die Klagen und Beschwerden über Willkürakte, deren sich die Sheriffs bei ihren Rundreisen durch Bedrückungen, Bestechungen und sonst schuldig gemacht hätten, weshalb schon die Magna Charta in ihrer Fassung von 1217

---

[1]) Über den Sheriffs tourn enthält Bracton so gut wie nichts. Ausführliche Mitteilungen bei Fleta II 52 und Britton I 30, bei beiden auch Aufzeichnungen der Frageartikel.

dadurch Abhilfe zu schaffen suchte, daß sie gebot, den Turnus nicht öfter als zweimal im Jahre, nämlich nach Ostern und nach Michael, zu halten[1]). Auch spätere Gesetze, wie das Statut Marlbridge, 58 Henr. III c. 10 von 1268 und das Statut Westminster II, 13 Edw. I c. 13 von 1286 setzten den Kampf gegen die Übergriffe der Sheriffs fort. Erst mit der Einführung der Friedensrichter in der zweiten Hälfte des 14. Jahrhunderts verschwand der Turnus Vicecomitis.

Außer dem Vicecomes nahmen an der Strafgerichtsbarkeit in den Fällen niederer Ordnung teil die außerhalb des Hundertschaftsverbandes stehenden größeren Lehns- und Grundbesitzer in ihren curiae baronum und ähnlichen Gerichten über ihre Untergebenen und Hintersassen; ferner diejenigen Besitzer oder Gemeinden, denen durch besondere Freibriefe Gerichtsbarkeit bald in weiterem, bald in engerem Umfang in ihren Bezirken (libertates, franchises) gewährt worden war.

Die Verhandlungen der niederen Gerichte genossen nicht die Vorzüge der Recordeigenschaft; deshalb mußte zu ihnen der Coroner als Urkundsperson zugezogen werden, um gegebenenfalls ein öffentliches Zeugnis darüber geben zu können.

Außerhalb der weltlichen Gerichte und nur in mittelbarem Zusammenhang mit ihnen standen die geistlichen, die sog. Curiae Christianitatis; auf sie kann hier nicht näher eingegangen werden.

---

[1]) M. Ch. a 42. Die Redaktionen von 1215 und 1216 hatten diesen Artikel noch nicht.

II.

Die Rundreisen der Justitiarien.

Die Anfänge des Rügeverfahrens dürfen als bekannt vorausgesetzt werden. Im Zusammenhange damit standen die Rundreisen der beauftragten Richter, der Justiciarii itinerantes, die König Heinrich II. zu einer ständigen Einrichtung erhoben hatte. Die ihnen in den sog. capitula itineris [1]) erteilten Aufträge und Instruktionen hatten je nach dem zeitlichen und örtlichen Bedürfnis bald engern, bald weitern Umfang und bezogen sich auf die meisten Zweige der Landesverwaltung. Neben der Aufgabe, die königlichen Gerechtsame und die Revenuen der Krone zu wahren, finden sich in den capitula itineris detaillierte Anweisungen zur Prüfung der lokalen Verhältnisse, zur Abhilfe von Mißbräuchen, zum Schutz der Eingesessenen gegen Bedrückung Mächtiger und der Beamten. Ein besonders wichtiger Teil der den Richterkommissaren erteilten Aufträge bezog sich auf die Handhabung der Rechtspflege in Zivil- wie in Strafsachen. Sie hatten die Assisen und Rekognitionen in Grundstücksprozessen abzuhalten, ebenso aber auch die vor sie gebrachten placita coronae zu verhandeln und zu entscheiden. Die Entlastung der Curia Regis von einer Menge von Geschäften einerseits, und den Recht-

---

[1]) Beispiele solcher capitula bei Bracton, de corona c. 1 § 3, c. 2, bei Fleta I 20, Britton I 5.

suchenden den weiten und kostspieligen Weg nach Westminster zu ersparen andererseits, war ja der Hauptzweck der Rundreisen. Mit der Handhabung der Rechtspflege waren vielfach auch finanzielle Maßregeln verquickt: Verhängung von Bußgeldern, Strafen, Einziehung von Gütern und Vermögen u. a.

Ihrer ursprünglichen Bestimmung gemäß sollten die richterlichen Rundreisen sich in kürzeren Zwischenräumen wiederholen. Aber während der unruhigen Zeiten unter der Regierung König Johanns und seines Sohnes herrschte in dieser Beziehung große Willkür, und es vergingen oft mehrere Jahre, ehe es zu einem neuen Iter kam[1]). Unter Eduard I. scheint eine siebenjährige Periode üblich geworden zu sein[2]). Man darf jedoch nicht meinen, daß während dieser langen Zwischenzeiten die Rechtspflege im Lande stillgestanden hätte und lahmgelegt gewesen wäre. Denn zur Erledigung dringender Geschäfte wurden auch sonst Gerichtskommissionen in die Grafschaften entsandt, die als Ersatz der allgemeinen Rundreisen dienen konnten, so die Kommissare zur Erledigung der Gefängnisse (ad goalas deliberandas) und zu sonstigen Verhandlungen in Strafsachen (ad audiendum et terminandum[3]).

---

[1]) F. W. Maitland, Pleas of the crown, XXI. Die Bestimmung der Magna Charta 1216 a. 18, wonach die Recognitiones novae disseisinae und einige andere mindestens einmal im Jahre abgehalten werden sollten, hat mit den Rundreisen nichts zu tun.

[2]) Britton I 1 § 3, Iustices errauntz soint assignetz de VII auntz in VII auntz.

[3]) Über die Geschichte dieser Kommissionen vgl. Sir J. Fitzjames Stephen, History of the criminal Law of England, I 105 ff.

Die allgemeinen Rundreisen waren bei einem großen Teil der Bevölkerung nichts weniger als beliebt; sie wurden als eine schwere Belästigung empfunden teils wegen der zu leistenden, weitgehenden Dingpflicht, teils wegen der Furcht vor den vielen drohenden Bußen und Strafen. Es wird berichtet, daß sich die Bewohner einer Grafschaft beim Nahen der Justitiarien in die Wälder flüchteten. Mehrfach wurden später den Parlamenten Petitionen vorgelegt, in denen die Abschaffung der Rundreisen gefordert wurde.

War im Rate des Königs die Aussendung einer Rundreise beschlossen, so ergingen Patente an die dazu delegierten Richter, in denen Zeit und Ort bestimmt und die ihnen erteilten Aufträge bezeichnet wurden[1]. Zu Kommissaren wurden angesehene Geistliche und Laien ernannt, von denen regelmäßig dem im Ernennungspatent zuerst Erwähnten der Vorsitz gebührte. Gleichzeitig ergingen an die Sheriffs der betreffenden Grafschaften königliche Breves, worin ihnen das Kommen der Richter mitgeteilt und aufgegeben wurde, alles zu ihrem Empfang vorzubereiten, insbesondere alle diejenigen vorzuladen, deren Anwesenheit auf dem Gerichtstage notwendig oder üblich war. Demgemäß wurden geladen: die Mitglieder der höheren Geistlichkeit Bischöfe, Äbte und Prioren, die in der Grafschaft ansässigen Grafen,

---

[1]) Bracton behandelt die Rundreisen unter dem Gesichtspunkt der jurisdictio delegata nach kanonischem Vorbilde in dem Tractat de actionibus c. 10 u. ff. Er gibt für die Ernennungspatente der Kommissarien eine Anzahl von Formularen. Der Eingang lautet meist wie folgt: Rex dilectis et fidelibus suis A. B. C. salutem. Sciatis quod constituimus vos justiciarios nostros ad itinerandum in comitatu tali de omnibus placitis et assisis tam coronae nostrae quam aliis etc.

Barone und Edelleute, sowie die freien Grundbesitzer milites et liberi legales homines der einzelnen Hundertschaften, dazu aus jeder Villata der Reeve und vier bis sechs Vertreter und aus jedem burgum zwölf angesehene burgenses [1]). Selbstverständlich ergingen außerdem Ladungen an die Parteien der anhängigen Prozesse; die in Haft befindlichen Beschuldigten mußten zur Stelle gebracht werden. Zum Erscheinen waren aber auch die derzeitigen Sheriffs mit ihren Bailiffs und Coroners verpflichtet, sowie die seit dem letzten Iter aus dem Amte Geschiedenen, diese, um sie erforderlichenfalls wegen ihrer Führung zur Verantwortung ziehen zu können. Das Nahen der Reiserichter wurde der Bevölkerung durch öffentliche Anschläge bekanntgemacht.

Am festgesetzten Tage hatten sich die königlichen Kommissare mit ihren Schreibern und dem sonstigen Hilfspersonal an dem bestimmten Orte, gewöhnlich dem Hauptorte der Grafschaft, eingefunden und wurden hier von den amtlich Geladenen feierlich empfangen. Aber auch eine Menge unbeteiligten Volks hatte sich versammelt, die ihre Neugierde zu befriedigen wünschte, darunter auch solche, die Bittgesuche oder Beschwerden vor die Richter zu bringen gedachten.

Die Verhandlungen fanden öffentlich meist auf dem Markt oder einem ähnlichen geeigneten Platze statt. Sie wurden in der allen verständlichen Landessprache, dem Englischen geführt; die Protokolle aber wurden bald lateinisch, bald in der französischen Gerichtssprache abgefaßt.

Die Eröffnung der Tagung ging mit eindrucksvoller Feierlichkeit vor sich [2]). Sie begann mit der vom Vor-

---

[1]) Beispiele für solche Breves gibt Bracton a. a. O. 3 § 10.

[2]) Bracton de Coron. c. 1; Fleta I. 19; Yearbooks; 30 Edu I. 72ff., wo die Eröffnung der Placita in itinere

sitzenden angeordneten Verlesung des Ernennungspatents, an die er eine Ansprache an das versammelte Volk über Veranlassung und Zweck des Kommens der Richter zu knüpfen pflegte. Dann nahm er aus den Händen des Sheriffs dessen Amtsstab und vereidigte ihn zu getreuer Ausführung der Befehle des Königs und seiner Räte, sowie zur Amtsverschwiegenheit. Nachdem der Sheriff den Stab zurückempfangen, stellte er seine Bailiffs und Coroners vor und übergab dem Vorsitzenden die mitgebrachten Protokolle, Listen und Akten.

Nach Erledigung dieser Präliminarien wurde zu den eigentlichen Geschäften geschritten. Das erste war die Wahl der aus den einzelnen Hundertschaften zu berufenden Geschworenen, denen die Beantwortung der ihnen vorzulegenden Fragen und die Geltendmachung der Rügen oblag. Diese Wahl geschah in einem indirekten Wahlverfahren. Jeder der hierfür besonders beeidigten Bailiffs hatte aus seinem Bezirke zwei bis vier einwandfreie, unbescholtene Männer (probes homes) zu ernennen[1]), und diese Wahlmänner, die ebenfalls beeidigt wurden, wählten dann ohne Zuziehung der Bailiffs aus ihren Hundertgenossen zwölf gleich ihnen geeignete Männer zu Geschworenen. In gleicher Weise wählten auch die größeren Städte ihre zwölf burgenses, während die kleinen unselbständigen Ortschaften ihre üblichen Vertreter entsandten.

Es folgte die Beeidigung der gewählten Geschworenen, wobei der zuerst Gewählte den Voreid auf wahrheits-

---

iusticiariorum coram Johanne Berewik, Launceton anno regni regis xxx geschildert wird. Launceton war der Hauptort der Grafschaft Cornwall. Die folgende Schilderung ist diesem Berichte entnommen.

[1]) Die Zahlen schwanken in den Berichten.

getreue Beantwortung der zu stellenden Fragen schwor, während die übrigen Geschworenen sich eidlich durch den von dem Vormann geleisteten Eid gebunden erklärten[1]). Darauf wurde die Liste der Geschworenen für die einzelnen Hundertschaften dem Gericht übergeben.

Daß der Geschworenendienst für die Betroffenen keine kleine Last gewesen sei, läßt sich schon daraus ersehen, daß bei der Rundreise des Jahres 1221 allein aus der Grafschaft Gloucester für 40 Hundertschaften mehr als 500 Personen herangezogen werden mußten[2]).

Den so gebildeten einzelnen Juratae wurden die von ihnen zu beantwortenden Fragen aus den Capitula itineris schriftlich übergeben und ihnen eine angemessene Frist zur Vorbereitung, Nachrichteneinziehung und Beantwortung gesetzt. Daß etwa sämtliche Artikel der Capitula jeder der Juraten übergeben worden, ist undenkbar, obschon die Äußerungen der Quellen dafür zu sprechen scheinen; denn ein nicht geringer Teil der in den Instruktionen der Richter aufgestellten Artikel bezog sich auf Gegenstände, die für die Beantwortung durch die Geschworenen gar nicht in Betracht kommen konnten[3]). Sie sollten vornehmlich Auskunft geben über Verletzungen

---

[1]) Der Voreid lautet bei Bracton c. 1 § 2: Hoc audite Iusticiarii, quod ego veritatem dicam de hoc quod a me interrogabitis ex parte dom. Regis, et fideliter faciam id, quod mihi praecipiatis ex parte dom. Regis, et pro aliquo non ommittam, quin ita faciam pro posse meo, sic me Deus adjuvet et haec sancta Dei evangelia.

Die andern schworen dann: Tale sacramentum quale primus jurator hic iuravit, ego tenebo ex parte mea sic me Deus usw.

[2]) Ergibt sich aus dem von Mailland a. a. O. mitgeteilten Verzeichnis der Hundreden.

[3]) Die bei Fleta I, 20 gegebene Liste zählt 140 Artikel auf.

des Königsfriedens durch begangene Straftaten, über Störungen der allgemeinen Sicherheit des Landes, über den richtigen Eingang der königlichen Revenuen, über Verkehrsverhältnisse u. a.

Bis zum Eingang der Berichte der Hundertschaftsgeschworenen konnten die Richter andere Geschäfte, die ihrer harrten, erledigen; so, abgesehen von Zivilprozessen und von früheren Rundreisen her rückständig gebliebene Sachen[1]), inzwischen erhobene Anklagen und die von den Sheriffs erstatteten Berichte über die von ihnen bei ihrem Turnus vorgebrachten Rügen. Dafür, daß die letzteren den neugebildeten Hundertschaftsgeschworenen stets zu einer nochmaligen Nachprüfung unterbreitet worden wären, fehlt jeder Anhalt in den Quellen, und dies ist um so unwahrscheinlicher, als ja voraussichtlich dieselben Personen den früheren wie den jetzigen Juraten angehört haben werden.

III.

Das Verfahren in Rügesachen. Die Jurata patriae.

Über den Verlauf des Verfahrens in Rügesachen auf den Rundreisen der Richter haben Bracton und seine Nachfolger nur dürftige Nachrichten [1]. Wertvolles Material liefern aber die Protokolle, die über die Verhandlungen vor den Justitiarien aufgenommen wurden. Leider sind aus der damaligen Zeit nur wenige veröffentlicht worden. In dieser Beziehung kommt vor allem die von Maitland herausgegebene Sammlung der auf dem Gerichtstage zu Gloucester 1221 verhandelten Placita coronae in Betracht. Mit ihren mehr als fünfhundert Einzelfällen gibt sie ein anschauliches und buntgefärbtes Bild von den damaligen Vorgängen und gewährt interessante Einblicke in die rechtlichen, wirtschaftlichen und sittlichen Zustände der Zeit; sie setzt uns in den Stand, eine Art Abschätzung der damaligen Kriminalität zu veranstalten. Wir sehen, wie Hundertschaft für Hundertschaft nacheinander aufgerufen werden, wie sie ihre Berichte und Antworten erstatten und wie sich daran die weiteren Verhandlungen vor dem Gerichte anschließen.

Die Berichte der Rügegeschworenen waren an eine besondere Form nicht gebunden; erst unter Eduard I.

---

[1]) Bracton c. 2 § 2, c. 22 § 1, 2; Fleta I 20; Britton I 3.

wurde schriftliche Abfassung, und zwar in Gestalt eines sog. Zackenbriefs (cyrographum, endenté), nebst Untersiegelung vorgeschrieben; die eine Hälfte der Urkunde blieb beim Gericht, die andere in den Händen der Jurata[1]). Nach der bei Inquests geltenden allgemeinen Regel wurde Einstimmigkeit der Beschlüsse gefordert, doch kam es vor, daß man eine dissentierende Stimme unberücksichtigt ließ, dafür aber den betreffenden Jurator in Strafe nahm[2]). Die Antworten der Geschworenen auf die ihnen gestellten Fragen konnten sehr verschiedenen Inhalt haben. Hier einige Beispiele.

Ein Mensch ist durch einen Unfall (Umstürzen eines Wagens, Kentern eines Bootes u. ä.) getötet worden; die Jurata vermag niemand die Schuld daran beizumessen; ihr Ausspruch lautet: nullus malecreditur, und das Urteil des Gerichts: infortunium[3]).

Übeltäter sind nachts in ein Haus eingebrochen und haben dessen Bewohner ermordet[4]); sie sind unentdeckt entkommen und nicht zu ermitteln; die Jurata findet sich mit einem nesciunt, qui fuerunt, nullus malecreditur ab und mit dem Vermerk ‚et ideo nihil' ist die Sache abgetan. Und das gleiche gilt, wenn etwa die Leiche eines Unbekannten gefunden

---

[1]) Fleta I 18 § 4; Britton I 3 § 9.

[2]) Ein Fall bei Maitland Nr. 238, ad judicium de Philippo de Oxondone, uno de juratoribus, qui dicit quod — et alii XI ei deficiunt. Yearbook 30/31 Edu. I App. II 537 et unus jurator de XII in secreto sine assensu sociorum suorum praesentavit — XII dixerunt, se nil scire, ideo in misericordia.

[3]) Maitland Nr. 78, 118, 292, 492 u. a. m.

[4]) Die typische Formel lautet: „malefactores venerunt de nocte in domum Osberti et occidunt ipsum O. etc." Maitland Nr. 239, 420 u. ö.

worden und die vom Coroner angestellte Untersuchung zu keinem Ergebnis geführt hat.

Wichtiger sind die Fälle, in denen die Geschworenen sich materiell über das Vorhandensein oder Nichtvorhandensein von Verdacht wegen einer Straftat gegen eine oder mehrere Personen aussprechen. Es geschieht dies mit Formeln wie: malecredunt NN. de morte, de roberia usw. oder ‚praesentant quod etc.‘, wenn sie den Verdacht annehmen, und ‚non malecreditur, non malecredunt‘ u. ä., wenn sie den Verdacht verneinen. Nicht selten werden auch die näheren Umstände des Vorgangs und die Gründe für die Annahme oder Nichtannahme des Verdachts ausdrücklich angegeben, z. B. wird bei Tötungen berichtet, daß der Tod nicht infolge schuldbarer Verletzung eingetreten sei [1].

Die Richter hatten das Recht, die Aussprüche der Juraten einer genauen Prüfung zu unterziehen, sie konnten, wenn sie Bedenken hatten, sie den Geschworenen zur Verbesserung oder Änderung zurückgeben. Vermöge der ihnen zustehenden Disziplinargewalt konnten sie gegen Hundreden, Villaten und Geschworene wegen Pflichtversäumnisse, fehlerhafter Antworten u. ä. Strafen verhängen [2].

Wenn der Ausspruch der Geschworenen den Verdacht verneinte, so beschloß das Gericht die Einstellung des Verfahrens mit der üblichen Formel: et ideo inde

---

[1]) Maitland Nr. 67: praecise dicunt, quod obiit infirmitate et non de plaga. Ebenso Nr. 114, 270 u. a.

[2]) Maitland Nr. 44 ad iudicium de juratoribus, qui in omnibus male respondent. Nr. 351 loquendum de juratoribus qui nesciverunt aliquid respondere de hundredo suo. Zahlreiche Strafverfügungen pro concelamento u. ä.

quietus und entließ den Beschuldigten mit oder auch ohne Bürgenstellung aus der Haft. Das den Verdacht aussprechende Verdikt — indictamentum, praesentatio genannt — bildete nunmehr die Grundlage für das weitere Strafverfahren gegen den Beschuldigten, der als solcher indictatus, praesentatus, rettatus bezeichnet wird. Die Rüge ersetzte die förmliche Anklage; sie wird als im Namen des Königs erhoben angesehen. Als Ankläger gelten die Rügegeschworenen selbst.

Das englische Rügeverfahren berührt sich nahe mit der Inquisitio des kanonischen Rechts. Es unterliegt keinem Zweifel, daß Bractons Darstellung unter seinem Einfluß entstanden ist. Wie nach der kanonistischen Lehre die auf fama publica gegründete diffamatio den Richter zur Strafverfolgung berechtigte, so nach Bracton die fama patriae, d. h. die durch den Ausspruch der Rügejury begründete Verdächtigung; und wenn er als Voraussetzung der fama hervorhebt, daß sie herrühren müsse non a malevolis et maledicis sed a providis et fidedignis personis, non semel sed saepius, quod clamor innuit et diffamatio manifestat[1]), so wiederholt er fast wörtlich das, was Innocenz III. in seinen Urteilen und auf dem Lateranischen Konzil als Voraussetzungen der Inquisitio angeordnet hatte[2]). Auf das kanonische Recht weist auch die dem Berüchtigten obliegende Pflicht, sich von dem Verdachte zu reinigen, hin, sowie die Pflicht des Richters, durch Befragung der Rüge-

---

[1]) Bracton c. 22 § 1, de indictamentis per famam patriae ex suspitione. Vgl. Fleta I 34 § 39, 40.

[2]) c. 17, 24 X de accus 5, 1.

geschworenen über die Quellen, aus denen sie geschöpft hätten, eine Art inquisitio famae anzustellen[1]).

Die Verhandlung vor den Justitiarien auf Grund des eingereichten Indictaments hing davon ab, ob der Verdächtigte und Angeklagte anwesend war oder nicht. War er entflohen oder weder durch Ladung noch durch Haftbefehl zu erlangen, so blieb nur das sehr schwerfällige und zeitraubende Ächtungsverfahren (utlagatio) vor dem Grafschaftsgericht einzuleiten, worauf aber hier nicht näher eingegangen werden kann[2]). Anwesend ist der Angeklagte, wenn er aus der Haft vorgeführt wird oder sich persönlich stellt oder von demjenigen zur Stelle gebracht wird, in dessen Dienst, Haushalt oder Schutz er gestanden (in manupastu), oder der sich für ihn verbürgt hat.

Dem Angeklagten ist der Inhalt des Indictaments bekanntzumachen, auch soll ihm auf sein Verlangen eine angemessene Frist zur Vorbereitung seiner Verteidigung gewährt werden[3]).

Der Angeklagte ist rechtlich verpflichtet, eine bestimmte Antwort auf die Anschuldigung zu geben; bloßes Schweigen oder Verweigerung der Antwort oder eine ungenügende Erklärung hatten schwere Nachteile zur Folge. Diese Pflicht des Angeklagten ist eine höchstpersönliche; weder Vertretung noch Zuziehung eines Beistands oder Verteidigers waren ihm gestattet; denn dem Könige gegenüber, in dessen Namen die Anklage erhoben wurde, war überhaupt die Zuziehung eines An-

---

1) Bracton c. 22 § 2.
2) Über Utlagatio: Bracton c. 12—14; Fleta I 27, 28.
3) Nach Britton I 5 § 2 fünfzehn Tage.

walts ausgeschlossen[1]). Anders im Verfahren auf Privatanklage. Es hat Jahrhunderte gedauert, bis man diese für den Beschuldigten so äußerst harte Maßregel beseitigte[2]).

Bekennt der Angeklagte sich vor Gericht für schuldig, so bedarf es keiner weiteren Verhandlung; das Gericht wird auf Grund des Geständnisses das Schuldurteil erlassen, es sei denn, daß ihm gestattet wird, als sog. Probator aufzutreten mit der Verpflichtung, Mitschuldige oder andere Verbrecher anzuklagen und zu überführen (davon später S. 62). Erklärt der Angeklagte sich für nichtschuldig, was in der üblichen Formel: N venit et defendit omnem feloniam et pacem dom. Regis infractam et quidquid est contra pacem dom. Regis — oder mit ähnlichen Worten registriert wurde[3]), so hatte der Richter ihn zu befragen, quomodo se vult inde acquietare; dann war der Angeklagte gehalten, den zu seiner Reinigung gesetzlich zulässigen Unschulds- und Verteidigungsbeweis anzubieten.

Bis zum Anfang des dreizehnten Jahrhunderts bestand im Rügeverfahren dieser Unschuldsbeweis von alters her in der Unterwerfung unter das Gottesurteil des Wassers oder des Eisens, unter Umständen in Ver-

---

[1]) In dem später zu behandelnden Falle Yearbook Anh. 530 sagt der Richter zum Angeklagten: Vos debetis scire, quod Rex est pars in casu isto — et iura non patiuntur quod habeatis consilium contra Regem.

[2]) Erst durch ein Gesetz von Wilhelm III. aus dem Jahre 1696 wurde in Hochverratsfällen dem Angeklagten die Verteidigung durch einen Anwalt zugelassen.

[3]) Bracton c. 19 § 6. Fleta I 34 § 1. Zahlreiche Beispiele auch bei Maitland. Später genügte die einfache Erklärung nient (oder rien) culpable, not guilty.

bindung mit der Leistung des Unschuldseides[1]), und dieses System erhielt sich, solange die Kirche die Gottesurteile anerkannte und sich durch ihre Organe bei ihrer Handhabung beteiligte[2]). Dies änderte sich aber seitdem die Kirche infolge des Laterankonzils von 1216 ihre Mißbilligung der Gottesurteile ausgesprochen und die Mitwirkung der Geistlichen dabei untersagt hatte[3]). Zwar den Zweikampf, das übliche Überführungs- und Verteidigungsmittel im Privatanklageverfahren, vermochte die Kirche in England nicht auszurotten, da es zu tief in dem Rechtsbewußtsein der herrschenden normannischen Klasse Wurzel gefaßt hatte, in betreff der übrigen Ordale fanden aber die kirchlichen Satzungen in England um so leichter Eingang und Gehorsam, als das Land infolge der Schwäche der Regierung König Johanns in eine Art lehnsrechtliche Abhängigkeit von dem Oberhaupt der Kirche gekommen war. So schwanden die Ordale schnell aus der rechtlichen Übung[4]).

Die Beseitigung der Gottesurteile riß eine bedenkliche Lücke in das bisherige Beweissystem und bereitete der Rechtspflege nicht geringe Verlegenheit. Sie spiegelt sich wieder in einer von den königlichen Räten den auf einer Rundreise begriffenen Justitiarien gegebenen Anweisung

---

[1]) So noch nach den Assisen von Clarendon (1166) und Northampton (1176).

[2]) Vgl. darüber interessante Mitteilungen bei L. Owen Pike, Crime in England, Lond. 1873 I 52—55, 204.

[3]) c. 9 X de clericis 3, 50; c. 3 X de purg. vulg. 5, 35.

[4]) In Maitland Nr. 383 wird des iudicium aquae gedacht; der Fall gehört vermutlich der Zeit vor 1216 an. Auch bei Bracton c. 16 § 3 wird gelegentlich die purgatio iudicio aquae et ignis erwähnt, offenbar aber als einer geschichtlichen Vergangenheit.

vom 29. Januar 1219. Unter Hinweis auf das kirchliche Verbot der Gottesurteile werden die Richter angewiesen, je nach der Schwere der Straftaten verschieden zu verfahren. Die wegen der schwersten Verbrechen (erwähnt werden Mord, Raub, Brandstiftung) Angeschuldigten sollen in sichere Gefängnishaft genommen und verwahrt werden, die wegen mittlerer Verbrechen Verdächtigten haben eidlich das Land zu räumen, und bei geringeren Vergehen soll die Stellung von Friedenbürgschaft genügen. Ausdrücklich wird erklärt, daß die Verordnung nur für die bevorstehende Rundreise gegeben sei. Man sieht, alles ist unklar gelassen; wie die Schuld oder Nichtschuld der Angeklagten festgestellt werden soll, ist nicht gesagt, ebensowenig, was mit den in Haft Genommenen weiter geschehen soll. Man trug sichtlich Bedenken, sich bestimmter auszusprechen und überließ das Weitere dem Ermessen der Richter[1]).

Doch war schon ein Weg gefunden die Gottesurteile zu ersetzen und ein neues Beweismittel in das System des Strafprozesses einzufügen, das besser als jene geeignet war, die Schuldfrage zu entscheiden.

---

[1]) Der Erlaß ist in Rymer, Foedera I 1 S. 154 mitgeteilt; früher schon in den Reports von Sir Edward Coke. Auch Biener, Engl. Geschworenengericht II 231, gibt ihn wieder. Quia dubitatum fuit — quo iudicio deducendi sunt illi, qui rectati sunt de latrocinio, murdro incendio et his similibus, cum prohibitum sit per ecclesiam Romanam iudicium ignis ex aquae, provisum est ad praesens, ut in hoc itinere sic fiat de rectatis de huiusmodo excessibus; videlicet quod illi qui rectati sunt de criminibus praedictis majoribus — teneantur in prisona nostra et salvo custodiantur etc. Cum igitur nihil certius providerit — nostrum consilium ad praesens, relinquimus discretioni vestrae hunc ordinem praedictum observandem in hoc itinere vestro.

Mehr und mehr hatte sich die Verwendung von Inquisitionen durch Geschworene zur Entscheidung von streitigen Tatsachen im Zivilprozeß bewährt und sich in dem Rechtsbewußtsein der beteiligten Volkskreise eingelebt. Man begann von dieser Einrichtung auch im Strafverfahren Gebrauch zu machen, und zwar zunächst die Feststellung geltend gemachter Einreden oder sonst auftauchender Zwischenpunkte durch Geschworene entscheiden zu lassen. Lag es da so fern, auch die Frage „an sit indictatus culpabilis nec ne“ gleichfalls einer solchen Inquisitio durch das Gesamtzeugnis der Gemeindegenossen zu unterbreiten, wenn der Angeklagte sich selbst ihr unterwarf? Schon vor 1219 war es vorgekommen, daß Beschuldigte wie im Appellprozeß so auch im Rügeverfahren gegen Geldangebot sich aus der königlichen Kanzlei ein breve pro habenda inquisitione erbaten und bewilligt erhalten hatten, durch welche die Schuldfrage entschieden wurde[1]. Und auch die Verhandlungen auf dem Tage zu Gloucester 1221 bieten Beispiele für das gleiche Verfahren. Wenn es z. B. in dem Berichte heißt: M. qui rettatus fuit — dat Regi 2 M. pro habenda inquisitione an sit culpabilis nec ne — so haben die Richter kein Bedenken getragen, dies Angebot unter Bürgenstellung anzunehmen und die Jurata über die Schuldfrage zu berufen[2]. Auch müssen sie ihr Vorgehen mit der Vorschrift des Art. 26 der Magna Charta: — nil detur nec capiatur de cetero pro brevi inquisitionis de vita et membris, sed gratis concedatur et non negetur — nicht für unvereinbar erachtet haben; denn

---

[1]) Näheres bei Brunner, Entstehung der Schwurgerichte, 469 ff.; Biener III, 186 ff.

[2]) Maitland Nr. 52, ferner Nr. 284, 436 u. a.

die damals, wie später herrschende Ansicht bezog diese Bestimmung nicht auf Gewährung einer allgemeinen Inquisitio über die Schuldfrage, sondern vielmehr auf das bekannte breve de odio et atia, das nur die vorläufige Entlassung eines widerrechtlich Verhafteten aus der Haft bezweckte [1]). Die Richter gestatteten aber auch, daß die Beschuldigten sich ohne Geldangebot und ohne Erlaß eines königlichen Breves sofort bei der Beantwortung des Indictaments auf den Spruch einer Jurata patriae beriefen und sich ihr de bono et malo zu unterwerfen. In der vorher erwähnten Sammlung begegnen uns zahlreiche Fälle, in denen von den Richtern Erklärungen wie die folgenden: N. N. veniunt et defendunt totum et ponunt se super patriam de bono et malo oder — ponunt se super veredictum XII juratorum, super visnetum, super juratam und ähnliche zur Entscheidung der Schuldfrage zugelassen wurden [2]).

So befestigte sich, unerachtet eines gewissen anfänglichen Schwankens, allmählich der Grundsatz, daß der Angeklagte auch im Rügeverfahren ein Recht darauf habe, sich zu seiner Verteidigung auf den Spruch einer Jurata patriae zu berufen, ein Satz, den bereits Bracton als geltendes gemeines Landesrecht vortragen konnte.

Wie wurde nun die Jurata patriae, auf die der An-

[1]) Bracton c. 5 § 3, c. 8 § 6 ff. An erstgedachter Stelle bemerkt er bei Erwähnung der Magna Charta: Et breve de tali inquisitione facienda gratis debet concedi quod videri poterit in Charta de libertatibus et non erit de aliquibus (l. aliis) inquisitio facienda, nisi tantummodo de illis, qui fuerunt in prisona. Daraus ergibt sich, daß in der Tat die M. Ch. nur von dem breve de odio et atia zu verstehen ist. Ich vermag daher auch der von Brunner, 473, vertretenen Ansicht nicht zuzustimmen.

[2]) Maitland Nr. 22, 74, 100, 251, 289, 336, 343, 416 u. a.

geklagte sich berief, gebildet? Waren es die nämlichen Geschworenen, von denen die Rüge beschlossen worden war, oder wurde über die Frage an sit culpabilis eine zweite neue Jurata berufen? Bekanntlich ist das ein Streitpunkt, und die Ansichten darüber sind geteilt[1]. Prüft man aber die Quellenzeugnisse, so wird man sich wenigstens für die Zeit vor Bracton für die erste Alternative entscheiden dürfen. Weder die von Biener mitgeteilten Rechtsfälle aus den Jahren 1198, 1203, 1207 und 1226[2], noch die in der Maitlandschen Sammlung enthaltenen vom Jahre 1221 bieten einen Anhalt dafür, daß bei Berufung auf die patria eine neue Jurata gebildet worden wäre; es waren vielmehr dieselben Hundertschaftsgeschworenen, die das Indictament beschlossen hatten, denen auch der Ausspruch über die Schuld zufiel. Wenn der Richter in einigen Fällen neben den fungierenden Geschworenen noch Vertreter von Nachbarvillaten oder auch Geschworene einer benachbarten Hundertschaft oder sonstige vertrauenswerte Personen aus der Grafschaft beizog, und sie über die Schuld oder Nichtschuld des Angeklagten befragte, so geschah das wohl, um ganz sicher zu gehen und den Ausspruch der Jurata gewissermaßen durch einen größeren Kreis von Nachbarn bestätigen zu lassen[3].

---

[1] Stephen, Hist. of Crim. law., Bd. I, 258. Maitland, XLIII.

[2] Biener, Engl. Geschworengericht III, 186 ff.

[3] Maitland Nr. 213, 228, 330 u. a. Die gewöhnliche Formel lautet: „et vlllatae de H. de W. et B. et de T. item dicunt.“ In Nr. 101 nahmen sechs Villaten teil, die „hoc idem dicunt quod iuratores“. — Auch die Zuziehung der „coronatores et omnes alii de comitatu“ wird gelegentlich erwähnt. Die Bedeutung der Villatae ist bisher nicht genügend aufgeklärt. Der Versuch Bieners III 199, sie mit dem „Umstand“ des deutschen Schöffengerichts zu vergleichen, erscheint mir verfehlt.

Aus der dürftigen und wenig klaren Darstellung, die Bracton über das Verfahren per famam patriae, wie er es nennt, gibt, läßt sich nicht mit Sicherheit ersehen, wie er zu der hier besprochenen Frage stand[1]). Immerhin sprechen einige Gründe dafür, daß auch er sich zur herrschenden Ansicht bekannt habe. Nach ihm haben über die Schuld des Indictatus zwölf Geschworene und vier Villatae zu entscheiden; woher aber jene zwölf genommen wurden, sagt er nicht. Er macht aber dem Richter zur Pflicht, nicht nur die Geschworenen über die Quellen zu vernehmen, die ihnen die Gründe zur Verdächtigung geliefert haben, sondern auch diejenigen Geschworenen und Mitglieder der Villaten auszuscheiden, die der Angeschuldigte wegen Feindschaft, Eigennutz und aus ähnlichen Gründen für verdächtig erklärt hat[2]). Da von anderen Geschworenen bisher nicht die Rede gewesen, so können hier nur die Hundertschaftsgeschworenen gemeint sein, die die fama patriae in ihrem Indictament bezeugt hatten. Wichtiger ist aber noch folgendes. Sind die zwölf Geschworenen und die Villaten beieinander, so sollen nach Bracton zwar die Mitglieder der letzteren durch einen besonderen Eid verpflichtet werden, die Geschworenen aber nicht[3]). Diese verschiedene Behandlung läßt sich nur so erklären, daß die als Vertreter der Hundertschaften gewählten Geschworenen bereits beim Beginn der Tagung beeidigt

---

[1]) Bracton c. 22.

[2]) Bracton c. 22, § 3. Justiciarius dicat indictato quod si aliquem ex juratoribus suspectum habeat illum justa ratione amoveat et idem illud dicatur de villatis ut si capitales inimicitiae fuerint inter aliquem ipsorum et indictatum usw.

[3]) Der Eid der Villaten lautet: Hoc auditis justiciarii quod veritatem dicemus de iis quae a nobis inquiratis ex parte

worden waren und daß sie durch den einmal geleisteten Eid auch bei der Feststellung der Schuld gebunden erachtet wurden. Auch Bracton scheint daher die Rügegeschworenen als bei der Schuldfrage mitwirkend angenommen zu haben.

Einige Jahrzehnte nach Bracton muß sich jedoch eine Wendung in den Ansichten vollzogen haben. Denn die Darstellung bei Britton läßt kaum eine andere Deutung zu, als daß die Rügegeschworenen bei dem Ausspruch über die Schuld des Angeklagten ausgeschaltet worden seien und daß auf seine Berufung auf die patria als Vertreter dieser eine neue besondere Jury gebildet werden mußte. Es mochte unbillig erschienen sein, daß in Sachen, in denen es sich um Leib und Leben handelte, Geschworene urteilen sollten, die sich durch ihre gegen den Angeklagten erhobene Rüge mehr oder minder voreingenommen gezeigt hatten, und dementsprechend ward ihm auch das Recht gewährt, bei Bildung der Jury über die Schuldfrage diejenigen als verdächtig abzulehnen, die an der Rüge gegen ihn teilgenommen hatten [1].

Die Scheidung einer zweiten Jury, der sog. Beweis- oder Urteiljury von der Rügejury war damit angebahnt; die völlige Durchführung der Trennung beider erfolgte allerdings erst im 14. Jahrhundert.

Noch eine andere Neuerung scheint sich um dieselbe Zeit vollzogen zu haben: die Ausscheidung der Villaten bei Feststellung des Schuldspruchs. Weder Britton noch spätere Rechtsfälle erwähnen ihre Zuziehung bei den Verhandlungen mit der jurata patriae.

---

dom. Regis et pro nihilo ommitteremus, quin veritatem dicemus, sic nos Deus usw.

[1]) Britton I 5 § 8.

IV.

Ein praktischer Rechtsfall.

Die Vorführung eines wirklich stattgehabten Rechtsfalls wird am besten ein richtiges Bild von dem Gange des Verfahrens geben. Wir entnehmen den Fall einer Sammlung im Anhang II der mehrfach erwähnten Yearbooks König Eduards I. [1]). Lokale Andeutungen weisen daraufhin, daß die hier wohl von einem Augen- und Ohrenzeugen berichteten Fälle aus Yorkshire stammen [2]), ob von einer Rundreise, läßt sich nicht entscheiden; die Namen der fungierenden Richter werden nicht genannt. Die Sammlung dürfte aus dem Ende des 13. oder Anfang des 14. Jahrhunderts stammen, näher läßt sich die Zeit nicht feststellen; die Berichte sind in wenig klassischem Latein abgefaßt.

Der mitzuteilende Rechtsfall betrifft die Anklage gegen einen miles Sir Hugo, der als solcher und da er ein eigenes manerium besaß in seinem Bezirke ein gewisses Ansehen genossen zu haben scheint.

Hugo wird von den Geschworenen zu Y. angeklagt (praesentatum est per duodecim de Y.) [3]) ein

---

[1]) Yearbooks 528 ff.

[2]) S. 538 werden der Vicecomes Eboraci erwähnt, S. 542, 543 Fälle behandelt apud Eboracum. S. 545 wird einer consuetudo comitatus Eboraci gedacht.

[3]) Der Ort der Handlung ist das Städtchen Yoncres, es ergibt sich dies aus dem ersten Fall derselben Sammlung S. 528. Ich habe es im heutigen England nicht ermitteln können, aber Yonkers ist der Name einer Stadt im Staate Neuyork.

Mädchen gewaltsam in seiner Behausung entführt und sie dort wider ihren Willen mißbraucht zu haben — quod H. rapuit quendam puellam — et eam carnaliter cognovit contra suam voluntatem. Da die Verletzte selbst nicht geklagt hat, ist die Verfolgung im Namen des Königs von Amts wegen aufgenommen worden; die Rüge ersetzte die förmliche Anklage [1].

Hugo wird aus dem Gefängnis an die Gerichtsschranken — ad barram — gebracht; ihn begleiten als Beistände und Berater sein Verwandter namens Brian und ein gewisser Nicolaus de N. Der Richter weist aber beide zurück; er will den Brian zwar nicht als Berater, sondern nur zum Trost für seinen Verwandten zulassen. Brian tritt aber, um nicht in der Sache verdächtig zu erscheinen, freiwillig zurück.

Wir lassen nun den Berichterstatter in seinem lebhaft gefärbten Bericht selbst sprechen.

Richter: Hugo, Ihr seid vor uns angeklagt, ein Weib entführt zu haben usw. Wie wollt Ihr Euch davon reinigen (qualiter vultis vos acquietare)?

Hugo: Herr, ich bitte Euch um Gewährung eines Beistands, damit ich nicht im Gericht des Königs wegen mangelnden Rats übereilt werde (ne subripiar in Curia Regis pro defectu consilii).

Richter: Ihr müßt doch wissen, daß in diesem Falle der König Partei ist und die Sache von Amts wegen verfolgt. Unsere Gesetze dulden nicht, daß Ihr Euch gegen den König eines Ratgebers bedient. Hätte dagegen jenes Weib gegen Euch geklagt, so würde Euch ein Ratgeber zur Seite stehen dürfen; nicht aber

[1] Über crimen raptus: Bracton c. 28. Fleta I 35. Britton I 15, I 24, § 7. Statut Westminster II 13. von 1285.

gegen den König. Daher befehle ich im Namen des Königs, daß alle etwa für Euch anwesenden Anwälte (narratores) sich entfernen.

Nachdem dies geschehen, fährt der Richter fort: Hugo, antworte nun; was gegen dich vorgebracht wird, ist eine nicht unwahrscheinliche Tatsache und deine eigene Tat; du bist also sehr wohl imstande, auch ohne einen Ratgeber zu antworten, ob du die Tat begangen hast oder nicht. Das Gesetz muß für alle ein gleiches sein, und das Gesetz gebietet, daß, da der König dein Gegner ist, du keine Berater haben darfst. Und wenn selbst wir gegen das Gesetz Euch einen solchen bewilligen wollten, und die patria sich zu Euren Gunsten entschiede (was sie mit Gottes Hilfe tun möge), so würde man doch sagen, daß Ihr nur durch Begünstigung des Richters freigesprochen wäret. Solches wagen wir nicht zu tun, und solches dürft auch Ihr nicht von uns verlangen. Gebt daher Antwort.

Statt zu antworten, erhebt Hugo nunmehr, was allerdings sein Recht ist, einen einlassungshindernden Einwand gegen die Zuständigkeit des Gerichts.

Hugo: Herr, ich bin Kleriker und brauche nicht ohne meine geistlichen Richter (sine meis ordinariis) zu antworten [1]).

Richter: Seid Ihr wirklich Kleriker?

Hugo: Ja, Herr, denn ich bin Rektor der Kirche zu N. gewesen.

Hier erscheint nun — vermutlich von den Freunden Hugos verständigt — der zuständige Ordinarius.

Ordinarius: Wir reklamieren ihn als Kleriker. Hugo stimmt dem bei. Der Richter aber, dem die

---

[1]) Vgl. unten S. 83ff.

persönlichen Verhältnisse Hugos bekannt gewesen sein müssen, repliziert sofort gegen seinen Einwand.

Richter: Wir sagen, daß Ihr das Privilegium als Kleriker verloren habt; denn Ihr seid ein bigamus, da Ihr die Ehe mit einer Witwe geschlossen habt[1]). Wollt Ihr aber etwa behaupten, sie sei eine Jungfrau gewesen, als Ihr sie geheiratet, so ist es besser, dies sofort zu tun als zu verzögern; denn die Sache wird sich gleich durch die patria feststellen lassen.

Hugo: Herr, sie war eine Jungfrau, als ich sie gefreit.

Richter: Das wird sich sofort ausweisen.

Hierauf legte der Richter die Streitfrage zur Beantwortung den Geschworenen vor (et oneravit XII si Hugo etc.), und zwar den nämlichen Zwölf, die bereits als Rügegeschworene fungiert hatten und als solche bereits beeidigt waren. Es ergibt sich aus einer Bemerkung des Berichterstatters: notandem quod de novo non fuerint jurati quia prius jurati[2]).

Nachdem die Geschworenen auf ihren Eid erklärt hatten, daß es eine Witwe gewesen, die Hugo geheiratet, ist dessen Behauptung und sein Einwand widerlegt.

Richter: Das Gericht erkennt nunmehr, daß Ihr als Laie zu antworten und Euch dem Spruch jener zwölf redlichen Männer zu unterwerfen habt, von denen wir wissen, daß sie keiner Lüge auch nicht um unsertwillen fähig sind[3]).

---

[1]) Vgl. unten S. 83ff.

[2]) Der Text hat die verkehrte Lesart — juravi —.

[3]) Man ersieht hieraus, daß der oben S. 36 besprochene Grundsatz, die Rügegeschworenen bei der Schuldfrage auszuschalten, noch nicht überall durchgeführt worden war. Auf die berechtigte Ablehnung des Angeklagten läßt der Richter aber sofort seinen Vorschlag fallen.

Hugo: Herr, ich bin von jenen angeklagt worden, ich kann sie daher nicht annehmen; überdem bin ich ein Ritter (miles) und will daher nur von meinen Standesgenossen (per meos pares) abgeurteilt werden.

Richter: Weil Ihr Ritter seid, wollen auch wir, daß Eure Standesgenossen über Euch das Urteil sprechen [1]).

Nach dem Berichte wurden nunmehr zwölf milites zu Geschworenen ernannt und Hugo befragt, ob er gegen sie etwa Ablehnungsgründe geltend machen wolle.

Hugo erwidert eigensinnig: Ich nehme sie nicht an; Ihr könnt kraft Eures Amts jede beliebige Inquest zusammenstellen; ich nehme sie nicht an.

Richter (mahnend und warnend): Sir Hugo, wenn Ihr in diese willigt, so werden sie mit Gottes Hilfe für Euch eintreten (deo mediante operabuntur pro vobis). Wenn Ihr aber Euch weigert, dem gemeinen Recht zu folgen (legem communem refutare), so werdet Ihr die von ihm geordnete Strafe erleiden müssen, nämlich: Ihr werdet am ersten Tage nur zu essen, am folgenden Tage nur zu trinken bekommen; und an dem Tage, an dem Ihr trinkt, werdet Ihr nichts zu essen erhalten, und umgekehrt ebenso; und Eure Nahrung wird nur aus

---

[1]) Die Forderung des Angeklagten per pares suos abgeurteilt zu werden, und die Zulassung des Richters legt die Frage nahe, ob dies gemäß des bekannten a 39 der M. Ch. und des dort vorgeschriebenen judicium parium suorum geschehen sei. An sich hatte die Bestimmung mit der Besetzung der Juries nichts zu tun; es scheint aber, daß man den Satz später auch auf sie angewendet hat. Vielleicht wollte der Richter nur dem Angeklagten entgegenkommen.

Gerstenbrot, nicht Weizenbrot (de pane ordaceo non salo) und Wasser bestehen [1]).

Der Richter fügte noch verschiedene weitere Warnungen hinzu, er täte besser daran, nicht länger zu zögern und die Geschworenen anzunehmen.

Hugo: Meine Standesgenossen will ich annehmen, nicht aber die Zwölf, die mich angeklagt haben. Wollet daher meine Ablehnungsgründe gegen jene anhören.

Richter: Gern, man verlese die Namen der Geschworenen, und Ihr bringt dann mündlich oder schriftlich Eure Ablehnungen vor.

Hugo: Herr, da ich nicht lesen kann, bitte ich um einen Beistand.

Richter: Das geht nicht, da es den König betrifft.

Hugo: Dann nehmt Ihr meine Ablehnungen und lest sie vor.

Richter: Nein, Euer eigner Mund muß sie vortragen.

Hugo: Ich kann sie aber nicht vorlesen.

Richter: Wie? Ihr berieft Euch vorher auf das Privileg der Kleriker und jetzt könnt Ihr nicht einmal Eure eignen Ablehnungen lesen?

Hugo verstummt und steht verwirrt da (stetit in pace quasi confusus).

Richter: Seid nicht so erschrocken; jetzt ist die Zeit zum Sprechen da. — Er wendet sich an einen der Anwesenden N. de Lye:

Wollt Ihr die Ablehnungen des Sir Hugo verlesen?

---

[1]) Es ist das die sog. penance oder peine forte et dure von der unten S. 66ff. gehandelt werden wird.

Herr N.: Ja, Herr, sofern ich die Schrift erhalte, die er in Händen hat. — Nachdem dies geschehen, fragt N.: Herr, hier stehen gegen mehrere der Geschworenen Ablehnungsgründe, wollt Ihr, daß ich sie öffentlich vorlese?

Richter: Das nicht, lest sie vielmehr dem Gefangenen (prisoni), d. h. Hugo, im geheimen vor, er hat sie dann mündlich nachzusprechen.

Nachdem dies geschehen und die mündlich vorgetragenen Ablehnungen für richtig befunden worden, wurden die betreffenden Geschworenen aus der Inquest entlassen[1]).

Richter, sich an die Geschworenen wendend: Wir beschuldigen Sir Hugo der gewaltsamen Entführung eines Weibes; er hat seine Schuld bestritten, und befragt, wie er sich rechtfertigen wolle, hat er geantwortet: durch die bona patria und sich darüber auf Euch de bono et malo berufen; und so geben wir Euch auf, daß Ihr uns kraft Eures Eides sagt, ob Sir Hugo das gedachte Weib gewaltsam entführt hat oder nicht[2])?

Die Zwölf: Wir sagen, daß sie durch Leute des Sir Hugo gewaltsam entführt worden ist.

Richter: Hat etwa Hugo die Tat gebilligt oder nicht? (Fuitne H. consentiens ad factum vel non?)[3])

---

[1]) Daß an deren Stelle andere einberufen wurden, wird stillschweigend vorausgesetzt; ebenso die Beeidigung.

[2]) Die übliche Ansprache des Richters an die Jurata. Bemerkenswert ist, daß der Richter nicht die gesamte Schuldfrage auf einmal stellt, sondern sie in einzelne Tatsachenfragen auflöst und deren Beantwortung von den Geschworenen erheischt.

[3]) Durch die erste Antwort der Jurata war die Täterschaft des Angeklagten verneint, es blieb aber die Möglich-

Die Zwölf: Nein.

Richter: Haben jene Leute das Weib geschlechtlich gebraucht?

Die Zwölf: Ja.

Richter: Mit ihrem Willen oder gegen ihrem Willen? (Muliere invita vel consentiente?)

Die Zwölf: Mit ihrem Willen[1]).

Richter: Da die Geschworenen Euch freigesprochen haben, sprechen auch wir Euch frei.

Damit endet dieser eindrucksvolle, fast dramatisch zu nennende Bericht.

---

keit, daß er sich der Teilnahme schuldig gemacht; daher die folgende Frage.

[1]) Mit der Verneinung der zweiten Frage war die Schuld Hugos an der Entführung verneint. Blieb noch die Anschuldigung des geschlechtlichen Mißbrauchs. Der Richter sah sie in betreff Hugos durch die vorangegangenen Antworten als erledigt an; es konnte sich nur noch um die Verschuldung seiner Leute handeln; daher die Schlußfragen. Das Ergebnis war die Freisprechung des Angeklagten.

V.

Die Jurata und die Schuldfrage.

Das Verfahren mit der Iurata patriae, wie es sich am Schlusse der hier behandelten Periode ausgebildet hatte, bedarf in einigen Punkten noch näherer Betrachtung.

Während, wie oben bemerkt, die Rügejuries auf Grund indirekter Wahlen gebildet wurden, erfolgte die Berufung der Geschworenen zur Schuldentscheidung durch den Sheriff und den verhandelnden Richter. Der Sheriff hatte, je nach dem Bedürfnis der zu erledigenden Geschäfte, eine entsprechende Zahl aus den zum Geschworenendienst verpflichteten Grundbesitzern — milites et liberi tenentes — auszuwählen, sie auf eine allgemeine Liste der Grafschaft zu bringen und für ihre Ladung zu dem Gerichtstage Sorge zu tragen. Vielfach wurden Klagen laut wegen der Mißbräuche, deren sich die Sheriffs bei diesem Geschäfte schuldig machten; sie beriefen z. B. kranke, altersschwache und ungeeignete Personen und ließen andere geeignete gegen Bestechung frei. Solchen Verfehlungen suchte König Eduard durch das Statut Westminster II von 1285 zu begegnen, in dem unter anderem auch ein Zensus für den Geschworenendienst eingeführt wurde, nämlich von 20 Schilling Jahresgrundsteuer beim Dienste innerhalb und von 40 Schilling beim Dieste außerhalb der Grafschaft[1]).

---

[1]) Britton I 23, § 10.

Auf dem Gerichtstage selbst war es aber der Richter, der für den Einzelfall aus der allgemeinen Liste diejenigen zwölf ernannte, die als Mitglieder der Jurata patriae zu fungieren hatten. Dabei nahm er besondere Rücksicht, solche auszuwählen, die der Nachbarschaft des Angeklagten angehörten.

Dem Angeklagten stand das Recht zu, einzelne Mitglieder der Jury abzulehnen (calumnia, challenge), aber nur aus triftigen Gründen; das peremtorische Recht der Ablehnung gehört späterer Zeit an [1]). Daß er diejenigen wegen Befangenheit zurückweisen durfte, die an der Rüge gegen ihn teilgenommen hatten, ist schon früher bemerkt worden. Im übrigen wandte man die Grundsätze des kanonischen Rechts wegen Zurückweisung von Zeugen auch auf die Ablehnung der Geschworenen an, ein Beweis dafür, daß man sie ursprünglich als wissende Zeugen angesehen hatte [2]).

Der Angeklagte mußte seine Ablehnungen persönlich, und zwar bei Verlust seines Rechts noch vor der Beeidigung der Geschworenen geltend machen und begründen. Blieben weniger als zwölf Geschworene unbeanstandet, so mußten zur Ergänzung andere ausgewählt werden.

Hierauf folgte die Beeidigung der Geschworenen, womit die Jurata patriae konstituiert war.

Eine Verhandlung vor den Geschworenen fand nicht statt, weder Vernehmung des Angeklagten, noch Beweisaufnahmen, da ja die Patria selbst das Beweismittel war, auf das der Angeklagte sich bezogen hat. Der Richter

---

1) Bracton c. 22, § 3; Britton I 5, § 38.

2) Schon Glanvilla II 12 hat den Satz: excipi possunt juratores iisdem modis quibus et testes in curia christianitatis juste respuuntur.

beschränkte sich auf eine kurze Ansprache an die Geschworenen, in der er sie auf den Gegenstand ihrer Entscheidung hinwies, sie zur Wahrheitsaussage ermahnte und die zu beantwortende Schuldfrage stellte [1]). Dann hieß er sie, sich zu geheimer Beratung zurückziehen und ordnete ihre strenge Bewachung an; bei schwerer Strafe durfte niemand mit ihnen in Verbindung treten.

Die Geschworenen gaben in ihrem Veredictum ein Gesamtzeugnis ihres eigenen Wissens ab; sie sprachen de scientia propria, nicht de conscientia. Aus welchen Quellen sie ihre Wissenschaft geschöpft hatten, war gleichgültig; es mochten eigene Wahrnehmungen sein oder Mitteilungen anderer oder Schlußfolgerungen, die sie aus solchen gezogen hatten. Der Wert ihres Ausspruchs beruhte auf der Erwägung, daß sie als Vertreter der Gemeinde, als Volks- und Rechtsgenossen des Angeklagten am ehesten sein Tun und Lassen und die für seine Schuld oder Nichtschuld sprechenden Umstände in sichere Erfahrung bringen könnten und daher am besten geeignet seien, ein Zeugnis darüber abzugeben. Der Satz — vicini vicinorum facta scire praesumuntur —, der ja auch heute noch für mancherlei dörfliche Verhältnisse Geltung beanspruchen darf, entsprach den damaligen sozialen und lokalen Verhältnissen in England.

Der Ausspruch der Geschworenen war die Antwort auf die ihnen vom Gerichte vorgelegten Fragen. Es

---

[1]) Bracton c. 22, § 5: Talis qui hic praesens est rectatus de morte — -- posuit se super linguas vestras de hoc de bono et malo — et ideo vobis dicimus in fide qua Deo tenemini et per sacramentum quod fecistis, nobis scire faciatis inde veritatem nec ommitatis timore, amore vel odio, sed solum Deum prae oculis haberitis, quin dicatis si culpabilis sit de hoc quod ei imponitur vel non.

konnte dies die ganze Schuldfrage als solche sein; das Gericht konnte aber auch — wie oben in dem Falle des Sir Hugo — diese in einzelne Momente und Tatsachen auflösen und deren Beantwortung erheischen. Auch den Geschworenen war es gestattet, in ihrem Spruch spezielle Tatsachen hervorzuheben, die sie für festgestellt erachteten oder durch die sie das Ergebnis, zu dem sie gekommen, näher begründeten. Sie konnten sogar statt des Angeklagten einen Dritten als den wahren Schuldigen bezeichnen und dessen Verfolgung anheimgeben[1]).

Hatten die Geschworenen sich über ihren Spruch geeinigt, so gaben sie ihn dem Gerichte kund, eine besondere Form für diese Mitteilung wird in den Quellen nicht berichtet. Und dann gibt das Gericht, je nach dem Inhalt des Verdikts, sein Urteil. Hat das Gericht aber Bedenken gegen dessen Richtigkeit, so kann es die Beanstandung des Spruchs beschließen und die Geschworenen darüber genauer vernehmen. Insbesondere soll das geschehen, wenn der Verdacht auftaucht, daß die Geschworenen zum Nachteil des Angeklagten beeinflußt oder gar bestochen seien[2]). Die schuldig Befundenen waren dann zur Verantwortung zu ziehen.

Die Regel war, daß der Wahrspruch der Jury, mochte er gegen den Angeklagten oder zu dessen Gunsten lauten, einstimmig und in Zwölfzahl beschlossen sein

---

[1]) Ein interessantes Beispiel bei Maitland Nr. 364. W. ist wegen Tötung des A. angeklagt, er hat sich auf die patria berufen – et 12 iuratores dicunt quod ipse non est inde culpabilis, sed revera H. et G. sunt inde culpabiles, et ideo exigantur.

[2]) Es kam vor, daß Oberherren durch falsche Anklagen und bestochene Geschworenen ihre Hintersassen deren Güter zu berauben suchten. Fleta I 34, § 36; Britton I 5, § 11.

müsse. Doch begnügte man sich zuweilen mit einem elfstimmigen Verdikt und ignorierte die eine abweichende Stimme. Konnten die Geschworenen sich über einen einhelligen Beschluß nicht einigen, so gab es in Zivilsachen das Auskunftsmittel, die Minderheit von der Mehrheit zu trennen und diese durch Neuberufung anderer bis zur Zwölfzahl zu verstärken; affortiare juratam nannte man es[1]). Für Strafsachen scheint eine ähnliche Ergänzung nach Bracton und Fleta wenigstens für den Fall üblich gewesen zu sein, daß verdächtige Geschworene bei deren Vernehmung von der Jurata ausgeschlossen wurden[2]). Und Britton vertritt sogar die Ansicht, daß, wenn das Gericht bei Uneinigkeit unter den Geschworenen sich durch eingehende Vernehmung überzeugt habe, daß der Mehrheit die Wahrheit bekannt gewesen sei, der Minderheit aber nicht, es sich mit einem Spruche ex dictu majoris partis juratae begnügen dürfe[3]). Ob aber diese Ansicht geltendes Recht gewesen, ist beim Mangel sonstiger Zeugnisse zu bezweifeln.

Die Versuche, sich über die Einstimmigkeit hinwegzusetzen, wurden im Jahre 1368 endgültig beseitigt. Die Geschworenen hatten in einem Falle bereits zwei Tage und eine Nacht ununterbrochen beraten, ohne sich einigen zu können, da einer von ihnen erklärt hatte, er würde

---

1) Fleta IV 9, § 2; Britton II 23, § 7.

2) Bracton c. 22, § 3, sagt es nicht ausdrücklich; wol aber Fleta I 34, § 36 — novi eligantur juratores, qui primis conjungantur juratoribus — donec veredictum unanimiter proferatur usw.

3) Britton I 5, § 10, si la grande partie de eux sache la verité et partie nient, soit juge par la ou la greynure partie se tendra.

eher sein Leben im Gefängnis verbringen als nachzugeben. Die Richter erklärten darauf den elfstimmigen Spruch für gültig. Der Gerichtshof der Common Pleas, an den die Sache gebracht wurde, mißbilligte aber das Verfahren und stellte durch einstimmigen Beschluß den Grundsatz auf:

> „que chascun enquest soit prise per XII liberos homines et non pauciores; sur verdict fait par XI jugement me puit estre rendu“ [1]),

und dabei ist es fortan geblieben. Man suchte die Einstimmigkeit der Geschworenen durch direkten Zwang durch Einsperrung und Entziehung von Speise und Trank zu erzwingen.

Erklären die Geschworenen einstimmig, daß sie den Spruch nicht geben können, weil sie über die in Betracht kommenden Fragen und Tatsachen keine Wissenschaft und Kenntnis besitzen, so wurde in Zivilsachen die Partei, die sich auf die Jury berufen hatte, für sachfällig erachtet, in Strafsachen wurden die Geschworenen entlassen und eine neue Jury gebildet, der sich der Angeklagte unbedingt unterwerfen mußte [2]).

---

[1]) Reeves, Hist. III 105 ff.

[2]) Britton l. c.

VI.

Das Appellverfahren. Der Zweikampf.

Die Strafverfolgung im Wege der Privatklage (appellum, appeal) bildete im englischen Rechte die Regel. Dies erklärt es, daß in den Quellen die Darstellung dieser Art des Verfahrens einen weit größern Raum einnimmt als das jüngere Verfahren auf öffentliche Rüge. Das Verhältnis beider änderte sich aber im Laufe der Zeit, je mehr das Rügeverfahren ausgebildet wurde und sich in der Praxis einbürgerte; ihm gegenüber trat die Privatklage mehr und mehr zurück und wurde fast zur Ausnahme. Eine Reihe von Umständen trug zu dieser Wandlung bei; der strenge schwerfällige Formalismus, an den das Privatklageverfahren gebunden war, die zeitraubenden Fristen, die bei ihm eingehalten werden mußten, vor allem aber die schweren Verpflichtungen, die dem Kläger oblagen, namentlich die Bürgschaftsleistung zur Durchführung der Klage, das Eintreten mit seiner eigenen Person zur Überführung des Beklagten und die ihm für den Fall des Mißlingens drohenden Gefahren. Alles das wurde im Verfahren auf öffentliche Anklage vermieden.

Berechtigt zur Erhebung der Privatklage war regelmäßig der Verletzte, bei Tötungen der nächste männliche Sippgenosse. Frauen stand die Verfolgung nur zu, wenn sie selbst verletzt waren oder ihr Gatte „intra brachia sua" getötet worden war[1]). Unmündigen, Geistlichen, Geächteten, Aussätzigen und anderen war das Klagerecht außer in Fällen von Hochverrat versagt; in diesen durften auch Unfähige als Kläger auftreten[2]).

Zur Verhandlung und Entscheidung über die Privatklage war jedes Gericht und jeder Richter befugt, der in Sachen der placita coronae Kompetenz hatte. Die Verhandlung auf dem Gerichtstage begann mit dem mündlichen Vortrag der Appellklage durch den Kläger selbst oder seinen Vertreter. Sie war an fest bestimmte Formeln gebunden und mußte möglichst genau alle näheren Umstände der Tat, insbesondere auch Zeit und Ort, angeben. Wenn sie — was bei Tötungen und Verwundungen die Regel — zuvor bei dem Coroner oder Sheriff angemeldet worden, so durfte der Kläger sich keine Abweichungen von den dortigen Angaben gestatten, die sonst die Klage zu Fall brachten. Wesentlich war die Behauptung, daß der Beklagte die Tat nequiter et in felonia contra pacem dom. Regis begangen habe und das Erbieten des Klägers, ihn in der gesetzlich zulässigen Weise zu überführen. Dies konnte aber nur durch das Einsetzen seiner eigenen Person durch das Angebot des Zweikampfes mit dem Beklagten geschehen; die Appellklage war eine reine Kampfklage[3]).

---

[1]) Bracton c. 29; Fleta I 35; Britton I 24, § 7.

[2]) Britton I 23, § 1.

[3]) Das Erbieten lautet bei Bracton c. 19 § 2: A. offert se disrationari contra eum ubicunque per corpus suum sicut ille qui praesens fuit et hoc vidit et sicut Curia consideraverit. Die Behauptung eigener Wahrnehmung ist später fallen gelassen. Fleta I 31 § 6; Britton I 20 § 4.

Wenn der Beklagte, der sich abweichend vom Rügeverfahren eines Rechtsbeistandes bedienen durfte, seine Schuld bestreiten wollte, so mußte er seinen Widerspruch nach älterem Rechte ebenfalls in streng formaler Weise und im Anschluß an den Wortlaut der Klage vorbringen [1]). Später wurde dieser Formalismus aufgegeben, es genügte, daß der Beklagte in erkennbarer Weise sich für nichtschuldig (nient culpable) erklärte. Nun hatte aber die durch das Beweisangebot des Klägers verstärkte Anklage die Vermutung der Schuld des Beklagten begründet, deshalb traf ihn die Pflicht, sich von diesem Verdachte zu reinigen und seinerseits die Beweislast für seine Unschuld zu übernehmen, und da der Kläger für den von ihm angebotenen Schuldbeweis seine eigene Person eingesetzt hatte, gebot es die Gleichstellung der Parteien, daß auch der Beklagte gehalten war, seinen Gegenbeweis durch Erbieten des Zweikampfes mit dem Kläger anzutreten [2]).

Diesem ursprünglich einzigen Verteidigungsmittel des Beklagten trat seit dem Anfang des 13. Jahrhunderts ein zweites zur Seite. Früher noch als im Rügeverfahren wurde im Appellprozeß dem Beklagten ab und zu durch besondere Vergünstigung gestattet, sich statt des Zweikampfes über die Schuldfrage auf eine Jurata zu berufen. Da Näheres darüber bereits an anderer Stelle mitgeteilt

---

1) Bei Bracton I c. 19 § 6 lautet die Formel: B. venit et defendit omnem feloniam et pacem dom. Regis infractam et quidquid est contra pacem dom. Regis — et omnia quae versus eum proponuntur et totum de verbo in verbum. Ähnlich in zahlreichen Beispielen bei Maitland.

2) Zahlreiche Beispiele bei Maitland und Bracton: „paratus est defendere se contra eum per corpus suum, sicut Curia consideraverit“ lautet die übliche Formel.

worden, so sei hier nur auf ein besonderes Moment hingewiesen.

Bei einem nicht geringen Teil der angelsächsischen Bevölkerung herrschte eine starke Abneigung gegen das von der herrschenden Kaste der Normannen ihnen aufgenötigte gerichtliche Duell. Der Politik der Plantagenets, die sich bemühte das einheimische Volkstum mit der fremden Dynastie und den Fremden auszusöhnen und ihren Anschauungen entgegenzukommen, entsprach es, die Anwendung des mißliebigen Zweikampfs in Zivil- und auch in Strafsachen einzuschränken. So hatte schon Heinrich II. im Grundstücksprozeß dem Beklagten die Möglichkeit gewährt, sein besseres Recht nicht durch Kampf, sondern durch das Nachbarzeugnis der Magna Assisa zu bewähren, und auch im Strafverfahren wurden ohne besondern Akt der Gesetzgebung der anfangs schüchtern zugelassenen Verwendung der Jurata zur Entscheidung der Schuldfrage die Wege derart geebnet, daß um die Mitte des Jahrhunderts, das Recht des Beklagten zu seiner Verteidigung zwischen dem Zweikampf und der Jurata patriae zu wählen, als gemeines Landesrecht anerkannt worden war.

Bevor der Beklagte seine Erklärung über die Art seiner Verteidigung abzugeben genötigt war, konnte er durch Geltendmachung von Einwendungen versuchen, sich vorläufig von seiner Einlassungspflicht zu befreien[1]). Solche Einwendungen waren teils prozessualischer Natur, sie richteten sich z. B. gegen die Zuständigkeit des Gerichts, die Prozeßfähigkeit der Parteien, die Form der Klage, teils konnten sie den materiellen Inhalt der An-

---

[1]) Von den Einreden handeln eingehend Bracton c. 20; Britton I 8 und 9.

klage betreffen; so bestritt z. B. der Beklagte die angebliche Verschuldung mit der Behauptung der Notwehr, oder eines Zufalls, oder eines Alibis. Bisweilen brachte er sogar zivilrechtliche Verhältnisse zur Sprache, wenn der Kläger seine Ansprüche hinter einer Anklage verbarg und durch deren Druck auf den Beklagten eine für ihn günstigere Lösung zu bewirken hoffte[1]).

Wurden Einwendungen der einen oder der andern Art erhoben, so entwickelte sich über sie ein Zwischenstreit, während dessen die Hauptverhandlung unterbrochen wurde. Wurden zum Beweise der behaupteten Tatsachen nicht etwa öffentliche Urkunden (records) vorgelegt oder ein Beamtenzeugnis abgegeben, so erfolgte die Feststellung durch den Spruch besonderer, zu diesem Zwecke berufener Inquests. Erwiesen sich die Einwendungen als begründet, so erging die richterliche Entscheidung auf Verwerfung des Appells (cadit appellum, nullum appellum); andernfalls auf Verwerfung der Einrede. In diesem Falle hatte der Beklagte sich über das von ihm gewählte Mittel seiner Verteidigung nach vorgängiger richterlicher Aufforderung[2]) ausdrücklich zu erklären. Unstatthaft war es, die Wahl dem Gericht zu überlassen oder von der einmal getroffenen Wahl abzugehen.

Obschon der Zweikampf nicht zu den eigentlichen Ordalien gerechnet wurde, wie er denn auch nicht durch das kirchliche Verbot der letzteren betroffen ward, so galt er doch als eine Art Gottesgericht, bei der der Allwissende demjenigen zum Siege verhelfen werde, auf

[1]) Beispiele bei Maitland Nr. 20, 71, 99, 434. Der Beklagte führt seinen Einwand regelmäßig mit den Worten ein: sed verum (oder veritatem) vult dicere usw.

[2]) Quomodo se vult acquietare.

dessen Seite Recht und Wahrheit stünde[1]). Hatte der Beklagte den Zweikampf als sein Unschuldsbeweismittel gewählt, so hatte das Gericht zunächst zu prüfen, ob die Voraussetzungen für ihn vorlagen, insbesondere ob beide Parteien kampffähig seien und ob auch die behauptete Tat eine kampfbedürftige Felonie wäre. Wenn kein Bedenken obwaltete, setzte es Tag und Ort für die Vollziehung des Kampfes fest.

Die Parteien schlossen nun miteinander einen förmlichen Kampfvertrag (vadiatio duelli, wager of battle), dessen Erfüllung sie durch Bürgenstellung bekräftigten. Während im Grundstücksprozesse die Parteien nicht selbst kämpften, sondern den Kampf durch Kämpen als ihre Vertreter und Wahrheitszeugen ausfechten ließen, mußten im Strafverfahren die Parteien in Person fechten, da sie sich erboten hatten, mit ihrem eigenen Leben für ihre Behauptungen einzutreten.

Es folgte die Leistung der Kampfeide, wobei der Schwörende mit seiner Linken die rechte Hand des Gegners ergriff, während er die eigene Rechte auf die Bibel legte[2]). Zuerst beschwor der Beklagte dem Kläger gegenüber, den er mit seinem Taufnamen ansprach, daß er an der in der Klage behaupteten Tat unschuldig sei; nach ihm leistete der Kläger in gleicher Weise den Gegenschwur, daß jener einen Meineid geschworen, da er in Wahrheit die ihm vorgeworfene Tat begangen habe[3]).

---

[1]) Lex Dei wird das Duell bei Bracton c. 21, § 4, Fleta I 34, § 38 genannt; la ley de Deus bei Britton I 23, § 13.

[2]) Die Formalitäten bei Britton I 23, § 12.

[3]) Bracton c. 21, § 2. Der Eid des Beklagten: Hoc audis homo quem te per manum teneo, qui te facis appellari

Nun ist der zum Kampf bestimmte Tag angebrochen; das Gericht hat sich mit Gefolge zum Kampfplatz begeben, wo außerhalb der Schranken eine schaulustige Menge des kommenden Schauspiels harrte. Die Parteien wurden zum Kampfe gerüstet von je zwei Standesgenossen, die ihnen zur Bewachung beigegeben waren, feierlich zum Platze geleitet.

Zur Verhütung der Anwendung von Zauber- und ähnlichen Mitteln mußten zuvörderst die Parteien vor Gericht beschwören, daß sie nichts gegessen noch getrunken, noch sonst bei sich hätten, das zur Vereitelung des Gottesgerichts geeignet wäre[1]). Hierauf ließ der leitende Richter durch Heroldsruf verkünden, daß niemand bei Strafe es wage, durch Zurufe oder sonstige Kundgebungen den Kampf zu stören.

Die Kämpfer traten barhäuptig, barfuß, ohne Handschuhe an; sie waren bewaffnet mit Holzstäben, die in eine hornartigen Spitze ausliefen, und mit einem viereckigen Schilde. Eisen, sonstige Waffen, sowie irgendeine Leibesrüstung waren verboten[2]).

Der Kampf mußte von Sonnenaufgang bis zum Erscheinen der ersten Sterne fortgeführt werden, es sei

---

A. per nomen baptisterii, quod ego patrem tuum non occidi nec tu hoc vidisti, sic me Deus adjuvet et haec sancta.

Der Eid des Klägers: Hoc audis homo, quem usw. — quod tu es periurus et ideo periurus, quia tali anno tali die et hora, tali loco nequiter et in felonia occidisti C. patrem meum — et hoc ego vidi, sic me Deus usw.

Ähnlich bei Britton I 23, § 12.

[1]) Bracton c. 21, § 4. Hoc auditis, Justiciarii, quod ego non comedi nec bibi, nec aliquis pro me nec per me propter quod lex Dei deprimi debeat et lex diaboli exaltari, sic me Deus usw. Ebenso bei Britton I 23, § 13.

[2]) Britton I 23, § 14. In dem von Shakespeare in Heinrich VI., Teil II, Akt 2, Sz. 3 geschilderten Zweikampf

denn, daß einer der Kämpfer sich schon vorher für besiegt erklärte oder sich weiteren Kampfes weigerte. Siegte der Kläger, so wurde über den Beklagten sofort das Strafurteil gesprochen; blieb der Beklagte Sieger, so wurde er von der Anklage freigesprochen; dieser Freispruch hinderte aber eine Verfolgung von Amts wegen im Namen des Königs nicht; der unterliegende Kläger konnte als Verleumder in Haft genommen werden.

Die weitere Geschichte des Trial by battle fällt außerhalb des Rahmens dieser Skizzen. Da der Zweikampf nicht förmlich durch Gesetz aufgehoben worden war, durfte noch im Jahre 1818 ein durch Appeal wegen Mords Angeklagter seine Verteidigung durch Kampf zum Erstaunen der Richter anbieten, und es bedurfte eines schleunigst mit rückwirkender Kraft erlassenen Gesetzes, um mit dieser längst begraben geglaubten Ruine aufzuräumen[1]).

Zum Zweikampf konnte es nicht kommen, wenn eine der Parteien oder beide kampfunfähig waren. Als Gründe dafür galten: weibliches Geschlecht, hohes Alter, Gebrechlichkeit und Verstümmelungen. War der Kläger in solcher Lage, so fiel für ihn das Kampfangebot zur Bescheinigung seiner Anklage fort, und er mußte sich

---

kämpften die Parteien mit Stäben (staffs), an denen Sandsäcke (sandbags) befestigt waren.

Wenn Ritterbürtige im Gericht des Constable und Marshall kämpften, so traten sie mit Rüstungen und ritterlichen Waffen auf. Ein Beispiel bei Shakespeare, Richard II., Akt 1, Sz. 3, der allerdings nicht zur Ausführung gekommene Kampf zwischen Henry von Derby (Bolingbroke) und Norfolk.

[1]) Über den Fall Ashford v. Thornton und das darauf erlassene Gesetz 59, Geo. III c. 46 von 1819 s. Stephen, Hist. I 249, 250.

nach dem Befinden des Gerichts (sicut curia consideraverit) anderer Mittel, wie öffentlicher Urkunden oder auch Zeugnisse der bei der Tat anwesend gewesenen Gerichtsleute (sectatores) bedienen. Dem Beklagten aber, mochte er selbst kampffähig sein oder nicht, war die Wahl zwischen Zweikampf und Jurata patriae versagt; es blieb ihm nur die Möglichkeit, seine Unschuld durch den Spruch der Patria darzutun[1]).

Die Erhebung einer Privatklage erfolgte nicht im einseitigen Interesse des Klägers; denn da er in seiner Anklage die Verletzung des öffentlichen Königsfriedens behauptet hatte, war er zugleich für dessen Wahrung aufgetreten und handelte somit in gewissem Sinne im Namen des Königs. Oder, wie sich Britton bezeichnend ausdrückt: Der Appell wird geltend gemacht zwar nicht durch, aber doch für den König[2]). Dieser Auffassung entsprach es, daß dieselbe Sache im Namen des Königs von Amts wegen aufgenommen und durchgeführt werden konnte, wenn aus irgendeinem Grunde die Privatanklage nicht zur ordnungsmäßigen Erledigung gekommen war, sei es, daß der Kläger nicht erschienen oder auf sie verzichtet hatte, oder daß das Gericht die Klage vorweg abgewiesen hatte. Selbst die Freisprechung des Beklagten nach siegreichem Zweikampf stand der nochmaligen Verfolgung von Amts wegen nicht entgegen. Man nannte ein solches Vorgehen secta Regis, und sie wurde ausgeübt durch irgend einen königlichen Beamten, sei es den Sheriff, sei es einen sonst dazu bestellten Vertreter des Königs. Wie gestaltete sich in

---

[1]) Bracton c. 21, § 12; 24, § 1; 28, § 2; 29, § 1.
[2]) Britton I 23, § 2, pur nous et nemie par nous.

solchen Fällen die Verteidigung des Beklagten? Nach dem Satze:

> Rex non pugnat nec habet campionem quam patriam

war der Zweikampf ausgeschlossen, und der Beklagte verpflichtet, sich propter regiam dignitatem ausschließlich dem Spruch der Jurata zu unterwerfen[1]).

Über die Jurata patriae und das Verfahren mit ihr, mochte der Beklagte sie freiwillig statt des Duells gewählt haben oder sich auf sie zu berufen genötigt worden sein, kann auf das oben gelegentlich des Rügeverfahrens Gesagte verwiesen werden. Nur eine Frage sei hier berührt.

Wie sollte die Jurata ihren Ausspruch tun, wenn es sich um so geheim begangene Verbrechen, z. B. um Vergiftung handelte, von denen sie sich Kenntnis zu verschaffen außerstande war? Bracton berichtet über eine Ansicht, daß der Beschuldigte in solchem Falle, da eine Verurteilung nicht zu erlangen sei, freigesprochen werden könne, seine eigens von ihm selbst als zweifelhaft bezeichnete Meinung geht allerdings dahin, daß dem Beklagten zwar die Berufung auf die Patria zu versagen sei, die Pflicht, sich durch den Zweikampf zu rechtfertigen, aber bestehen geblieben sei. Wiewohl nun Fleta sich in gleichem Sinne geäußert hat[2]), ist Bractons

---

[1]) Bracton c. 21, § 11, 12.

[2]) Bracton c. 18, § 5 -- sed oportet quod defendat se per corpus suum quia patria nihil scire poterit de facto.

Fleta I 31, § 3. Item nec per patriam se defendere poterit quis in appello de veneno dato, sed tantum per corpus suum, eo quod initium facti non fuit tam publicum quod sciri poterit per patriam.

Theorie in der Praxis nicht anerkannt worden; denn weder bei Britton, noch in gleichzeitigen und späteren Entscheidungen wurde ein Unterschied zwischen geheimen und nicht geheimen Verbrechen gemacht und auf beide die allgemeine Rechtsregel gleicherweise angewendet.

VII.

Der Probator (Approver).

In dem Dialogus de Scaccario, dieser im Jahre 1178 entstandenen Schrift über das damalige englische Finanzwesen, findet sich eine merkwürdige Mitteilumg. Nachdem der Verfasser über die im Lande herrschenden Zustände großer Unsicherheit berichtet, wie Banden von Dieben, Räubern und Mördern das Land durchstreifend zahlreiche Übeltaten begangen hätten, ohne daß es gelungen wäre, ihrer aller habhaft zu werden und sie zur Rechenschaft zu ziehen, fährt er fort, daß die Richter sich geständiger Verbrecher bedienten und diese mit der Aussicht auf eigene Begnadigung bestimmten, ihre Mitschuldigen und Genossen zu verraten und sie selbst durch Anklagen zu gebührender Strafe zu bringen. Da diese Personen so zum gemeinen Besten gehandelt und zur Förderung des Königsfriedens mitgewirkt, habe man sie probatores regis genannt[1]).

---

[1]) Dialogus de Scaccario II 7 (bei Stubbs, Select charters 213): consentiunt in hoc interdum judices quod si quis hujusmodi de se crimen confitens sceleris ejusdem consortes provocare voluerit et objectum alii vel aliis crimen commisso duello probare valuerit, mortem quam meruit effugiat et cum impunitate corporis exiens tamen totius regni fines — abjuret ingressum. — Quia ad regis utilitatem procul dubio

Dies der Ursprung des sog. Probators (provour, approver), der, wie aus zahlreichen Rechtsfällen sich ergibt, bis zum Ausgang des Mittelalters eine ständige Erscheinung in der Strafrechtspflege gewesen ist[1]. War der Approver auch vom Volke verabscheut und als Verräter seiner Kameraden verachtet, so gewährte er doch den Richtern eine erwünschte Unterstützung als Ergänzung für die oft versagende Polizei. Es gab sogar Richter, die selbst einem Angeklagten den Rat gaben, als Probator aufzutreten und sich dadurch für ihre Person Straffreiheit zu erkaufen[2]. Schlimmer war es, daß in manchen Gefängnissen, wie in Newgate in London, die Gefangenenaufseher aus Rache oder um sich Geldvorteile zu verschaffen, ihre Häftlinge durch Drohungen und Mißhandlungen nötigten, wider Willen Geständnisse abzulegen und die Rolle von Probatoren zu übernehmen[3].

Als Probator konnte nur auftreten, wer selbst wegen einer Felonie von Amts wegen angeschuldigt war und die Tat bei Gericht eingestand, der Beklagte im Appellprozeß durfte es nicht. Das Geständnis des Probators mußte mit genauer Angabe aller Einzelheiten und seinem Erbieten vor dem Coroner verlautbart und beurkundet werden; dann schloß das Gericht mit ihm eine Art Pakt, worin seine Verpflichtungen, insbesondere die Zahl der

---

sit quidquid ad regni pacem videtur accedere regis probator dicitur.

Vgl. Bracton c. 33, 34; Fleta I 38 § 16—24; Britton I 5 § 6, I 12 § 9; Staunford II c. 52—58.

[1]) Maitland Nr. 73—75, 264, 466.

[2]) Yearbook Anh. II 541. Der Richter wendet sich an den Angeklagten: Prisone, melius est tibi recognoscere veritatem et devenire probator antequam per patriam sis convictus.

[3]) Owen Pike I 286—289.

von ihm anzuklagenden und zur Überführung zu bringenden Personen festgesetzt und ihm als Gegenleistung dafür kraft königlicher Ermächtigung bedingterweise die Begnadigung zugesichert ward[1]). Bis zur gerichtlichen Verhandlung über die von ihm zu erhebenden Anklagen wurde der Probator in Haft behalten, aber auf Staatskosten verpflegt[1]).

Die Verfolgung seitens des Probators erfolgte im Wege der Appellklage gegen die betreffenden Beklagten in der gewöhnlichen Form; zur Überführung mußte er selbstverständlich den Zweikampf per corpus suum anbieten[2]).

War der Beklagte unbescholten (homo fidelis), was anzunehmen war, wenn er entweder einer Freipflegegenossenschaft angehörte oder unter dem Schutze eines Herrn stand, der für ihn einzutreten bereit war, so brauchte er sich auf das Zweikampfangebot des Probators, als einer anrüchigen Person, nicht einzulassen, sondern durfte sich zum Beweise seiner Unschuld auf die Patria berufen; bei der Abneigung der Geschworenen gegen derartige Ankläger konnte er seiner Freisprechung ziemlich gewiß sein.

War dagegen der Beklagte selbst bescholten, dann fiel für ihn die Wahl zwischen Patria und Zweikampf hinweg, und er war genötigt, den Kampf mit dem Probator zu bestehen; auf die Jurata durfte er sich nicht berufen. Kam es zum Duell, so wurde dieses in der üblichen Weise vollzogen[3]).

---

[1]) Dialogus de Scaccario l. c. a die vero qua ad probationem suscipitur usque ad expletum promissum vel usque quo defecerit ad victualia de fisco percipit quaque die denarium unum. Britton I 5 § 6.

[2]) Bracton c. 33.

[3]) Bracton c. 34 § 1.

Siegte der Probator, so traf den Gegner die der Anklage entsprechende gesetzliche Strafe; jenem aber wurde, da er das mit dem Gericht im Namen des Königs getroffene Übereinkommen erfüllt hatte, die wegen seines Geständnisses zu erwartende Strafe im Wege der Gnade erlassen. Im Lande durfte er aber nicht länger weilen, er mußte eidlich das Land räumen (abjuratio regni) und in die Verbannung gehen.

Siegte der Gegner über den Probator, sei es im Zweikampf, sei es durch Freispruch der Jurata, so mußte der letztere die kraft seines Geständnisses verwirkte Strafe erleiden[1]).

In abgeschwächter Gestalt hat sich der mittelalterliche Probator in dem heutigen Kronzeugen, Kings evidence erhalten.

[1]) Den Gang des Verfahrens wird ein Beispiel Maitland, Nr. 73 veranschaulichen. Philippus de Egham regnoscens se esse latronem appellat Wilhelmum filium Roberti quod latro est et socius suus de latrocinio, ita quod simul furati fuerunt duos equos et duas vaccas et unum jumentum in campis juxta L. et illos vendiderunt pro 15 s. 2 d., unde idem W. habuit quartam partem suam, et hoc offert probare per corpus suam sicut curia consideraverit. Et non invenitur (sc. W.) in franco plegio nec aliquis loquitur pro eo, et simpliciter defendit se. Et ideo consideratum est, quod duellum sit inter eos et W. det vadium defendendi et Ph. probandi. — Veniunt die Lunae armati. Ph. convictus est et suspensus.

VIII.

Ungehorsam. Peine forte et dure.

Es geschah nicht selten, daß ein Angeklagter im Rüge- oder auch im Appellprozeß auf die Frage des Richters, wie er sich rechtfertigen und verteidigen wolle, beharrlich schwieg oder die Antwort darauf verweigerte, insbesondere es ablehnte, sich der Jurata patriae zu unterwerfen. Gab es Mittel, seinen Widerstand zu brechen und ihn zu einer für den Gang des Verfahrens erforderlichen Erklärung zu nötigen? Beim Mangel einer festen Rechtsregel befanden sich die Richter dieser Frage gegenüber in Verlegenheit und suchten sich, wie die Verhandlungen auf der Gloucestershire-Tagung 1221 erwiesen, von Fall zu Fall auf die eine oder die andere Weise zu helfen. Sie ließen, auch wenn der Angeklagte sich geweigert hatte, sich der Patria zu unterwerfen, die Schuldfrage durch Geschworene, allenfalls unter Mitwirkung einiger benachbarter Villaten, entscheiden, das Endurteil auf solchen Schuldspruch zu erlassen, nahmen sie aber Anstand[1]). Sie begnügten sich meist mit ähnlichen vorläufigen Maßregeln, die in der früher erwähnten Verordnung von 1219 angegeben waren; sie behielten z. B. den für schuldig Erklärten einstweilen in Haft oder

---

[1]) Maitland Nr. 111, 213, 316, 330 u. a. In Nr. 316 wird allerdings das Todesurteil erlassen, aber unter ganz besonderen Umständen, da handhafte Tat vorlag.

sicherten sein späteres Erscheinen durch die Aufgabe von Bürgenstellung; in einem Falle erkannten sie auf Landesverweisung.

Einen andern Weg schlugen in demselben Jahre die Richter in Warwikshire ein. Der Angeklagte hatte sich geweigert, sich auf die Patria zu berufen, die zwölf Geschworenen hatten ihn aber für schuldig erklärt; das Gericht begnügte sich aber nicht mit deren Spruch, sondern ließ durch 24 neuberufene Geschworene, gewissermaßen wie durch eine Oberjury, ihn bestätigen und verhängte darauf die Todesstrafe[1]).

Als die Jurata patriae sich demnächst als eine ständige Einrichtung eingebürgert hatte, erschien die Weigerung, sich auf sie zu berufen, als ein Verstoß gegen das gemeine Recht des Landes. Doch hatte sich eine feste, einheitliche Ansicht über die Folgen solchen Verhaltens noch nicht gebildet, und die Unsicherheit über diese Frage zeigt sich auch in Bractons Darstellung. Wenn der Angeklagte sich weder für den Zweikampf, noch für die Patria entscheidet, so soll er als quasi convictus et indefensus angesehen werden. Was dies aber bedeutet, sagt Bracton nicht[2]). An einer andern Stelle, wo von der Verfolgung auf secta regis die Rede, heißt es, daß der Angeklagte, da gegen den König der Zweikampf ausgeschlossen sei, sich der Patria unterwerfen und dazu als indefensus et quasi convictus gezwungen werden müsse. Worin aber dieser Zwang bestehe und

---

[1]) Mitgeteilt bei Biener II 233. Agnes — appellat Thomam de morte Roberti viri sui, et Th. defendit mortem, sed non vult ponere se super patriam. Et XII juratores dicunt quod culpabilis sit de morte illa. Et XXIV alii milites a praedictis XII electi idem dicunt, et ideo suspendatur.

[2]) Bracton c. 19, § 8.

wie er geübt werde, verschweigt Bracton, und das mehrfach beigefügte „ut videtur“ läßt seine eigene Unsicherheit erkennen; es scheint, als trage er Scheu, sich deutlicher über die Sache zu äußern[1]).

Kaum zwei Jahrzehnte später wurden die Zweifelsfragen durch das erste Westminsterstatut c. 12 vom Jahre 1275 zur Lösung gebracht. Danach sollen notorische, übelberüchtigte Verbrecher, die sich auf die Inquest nicht berufen wollen, gleich denen, die sich dem gemeinen Landesrecht nicht unterwerfen, in harte und strenge Haft (in prison fort et dure) genommen und darin behalten werden[2]). Worin diese besondere Verschärfung der Haft bestanden habe, ist im Gesetze selbst nicht gesagt. Man darf daher annehmen, daß sie bereits früher in Übung gestanden und als bekannt vorausgesetzt worden sei. Näheres erfahren wir über die penance genannten Maßregeln aus den im wesentlichen übereinstimmenden Schilderungen bei Fleta und Britton.

---

[1]) Bracton c. 21, § 11. Recurrendum est igitur ad patriam ut videtur, quam quidem si inculpatus recusaverit, videtur quod sit indefensus et per hoc quasi convictus, et quod cogendus sit, ut per patriam se defendat per defectum alterius probationis. Cogendus est igitur appellatus, ut se defendat per patriam.

[2]) Der Text bei Staunford 149v. Pourvu — que les felons escriés et queux sont de male fame et ne soy voillent mettre en enquest des felonies — soyent mises en la prison fort et dure, come oeux queux refusent estre à la commun ley de la terre.

Ursprünglich sollte der Zwang nur eintreten bei Verfolgung von Amts wegen „a la suit le Roy,“ wie es im Texte heißt; später erfolgte aber die Anwendung auch im Verfahren auf Privatklage. Vgl. Fleta I 34, § 33.

Danach wurde der Angeklagte, der auf Erfordern des Richters die Antwort schuldig blieb, sie verweigerte oder eine ungenügende Antwort gab, in den schlechtesten Raum des Gefängnisses gebracht und dort gefesselt barhäuptig und barfuß, nur mit einem Hemde bekleidet, auf den nackten Boden niedergelegt, um so Tag und Nacht zuzubringen. An Nahrung erhielt er einen Tag um den andern nichts anderes als ein geringes Maß groben Gerstenbrotes und jeden Zwischentag einen Trunk schlechten Wassers, und diese Pein ward so lange fortgesetzt, bis er sich zu der erforderten Antwort bereit erklärte[1]. War der Angeklagte stumm geblieben (stat mutus), so mußte zunächst durch eine Jury festgestellt werden, ob er von Natur stumm sei (per act de Dieu) oder sich nur so stelle; nur im letzten Falle kam es zur Verhängung der penance[2].

Hart wie diese penance war, schien sie dennoch den damaligen Richtern nicht scharf genug, um den Widerstand der Angeklagten zu brechen. Aus eigner

---

[1]) Fleta I 34 § 33. Consideratio vero sit talis, quod unico indumento indutus, discalceatus in nuda terra quadrantalem panem hordaceum tantum pro duobus diebus habeat ad victum, non tamen quod quolibet die comedat sed alterotantum nec quod singulis diebus bibat, sed die quo non comederit, aquam bibet tantum et haec dieta omnibus legem refutantibus injungatur, donec petant quod prius contempserint.

Fast völlig gleichlautend Britton I 5 § 2, wo das Fesseln erwähnt wird. Vgl. auch die Schilderung in dem Prozesse des Sir Hugo oben S. 41. Ferner Yearbook Anh. I 511, wo hervorgehoben wird, daß das Wasser, das den Gefangenen gereicht wird, ne fut de funtcine ne de rivere.

[2]) In dem in Anm. 1 zitierten Fall heißt es: la enqueste dit quil poyt parler sic voust; e per ceo quil ne se voleit mettre ne autre repondre fuit agardé a sa penance.

Machtvollkommenheit und ohne gesetzliche Ermächtigung verschärften sie den Zwang ins ungemessene. Bereits in einem Falle aus dem Jahre 1302 wird berichtet, daß man den Leib des unbeweglich auf dem Rücken liegenden Gefangenen mit so vielen Eisengewichten beschwerte, als er irgend ertragen konnte und womöglich mit noch mehr, und scheute sich auch nicht, diese Folterung so lange andauern zu lassen, bis der Unglückliche durch den Tod von seinen Qualen erlöst wurde[1]).

Dies war die berüchtigte peine forte et dure, wie man fortan die penance nannte, die in der Geschichte des englischen Common Law eine traurige Rolle gespielt hat. Schonungslos wurde sie angedroht und verhängt, wenn der Angeklagte nicht genügende Antwort gab oder es wagte, von der im Gerichtsgebrauch üblichen Formel, die er vielleicht nicht einmal verstand, abzuweichen. Wehe dem Unglücklichen, der auf die Frage des Richters, wie er sich verteidigen wolle, nicht die stereotypen Worte: per Deus et le pays (später: by God and my country) bereit hatte; nach dreimaliger Verwarnung verfiel er unweigerlich der peine[2]).

Wenn bisweilen Angeklagte es vorzogen, lieber den Tod durch die Marterung zu erleiden, als zu antworten, so hatten sie allerdings zu diesem Verhalten triftige Gründe. Mit jeder Verurteilung wegen Felonie war als Rechtsfolge die Vermögenseinziehung (forfeiture) und insbesondere der Verfall der liegenden Güter verbunden. Wenn nun der Gefangene, der seine Verurteilung vor-

---

[1]) Nähere Schilderungen bei Reeves III 250; Pike I 387.

[2]) Als ein Angeklagter erklärte, er wolle gerichtet werden „per Dieu et notre dame St. Marie et per seinte église", verwarnte ihn Oberrichter Danby ernstlich, davon abzustehen, da ihm sonst die peine forte et dure drohe. Reeves III 418.

aussah, nicht durch des Henkers Hand, sondern im Kerker sein Ende fand, so war er wenigstens sicher, seinen Erben sein Vermögen erhalten zu haben.

Ein Vergleich der peine forte et dure mit der in den kontinentalen Rechten geltenden Folter liegt nahe; doch springt der wesentliche Unterschied zwischen beiden sofort in die Augen. Die Tortur wurde als Wahrheitserforschungsmittel geübt, um den durch schwere Verdachtsgründe Belasteten zu einem Geständnis zu bringen, sie war an bestimmte Kautelen gebunden und durfte nicht den Untergang des Gefolterten herbeiführen. Die englische Peine hatte dagegen mit der Beschaffung von Geständnissen nichts zu tun, sie bezweckte nur, den Angeklagten zur Abgabe einer für die Einleitung des Verfahrens notwendig erachteten Erklärung zu nötigen. Sie mutet aber schlimmer an als die kontinentale Folter; denn sie war ein brutaler Gewaltakt ohne schützende Formen und durfte bis zum Tode des Opfers ausgedehnt werden.

Engländer pflegen mit selbstgefälligem Stolze zu rühmen, daß ihr Common Law von dem Schandfleck der Tortur befreit geblieben sei[1]). Richtig ist nur, daß von den ordentlichen Gerichten Folterungen zur Erlangung von Geständnissen oder Aussagen nicht geübt worden sind. Dagegen liegen zahlreiche Zeugnisse dafür vor, daß die Folter von außerordentlichen Kommissionen und von der Star Chamber, als einem Sondergerichtshofe, oft genug rücksichtslos verhängt worden ist. Noch heute werden im Tower zu London die üblichen Folterwerkzeuge aufbewahrt[2]).

---

[1]) So schon Sir John Fortescue, de laudibus Angliae c. 22.

[2]) Vgl. Pike II 387, 498; Criminal Trials, London 1835, II 106, 214.

An der peine forte et dure mit ihren Schrecknissen hielt man weit über das Mittelalter hinaus fest. Noch 1658 wurde ein Angeklagter zu Tode gepreßt, und selbst im Jahrhundert der Aufklärung 1726 ward einem solchen durch Belastung mit vier Zentner Eisen während der Dauer von fast zwei Stunden die übliche Antwort abgenötigt. Erst 1773 durch Akte 12, Geo. 3 c. 20 wurde die peine forte et dure endgültig abgeschafft, aber erst 1828 wurde die altehrwürdige Formel ‚By God and my country' als überflüssig beseitigt.

IX.

Verfahren auf handhafte Tat.

Das Strafurteil konnte gegen den Beschuldigten nur erlassen werden, wenn seine Schuld durch den Zweikampf oder durch den Spruch einer Jurata patriae festgestellt worden war. Von dieser Regel gab es aber Ausnahmen.

Wenn gegen den Beschuldigten schwerwiegende Verdachtsgründe — violentae praesumtiones, quae probationem non admittunt in contrarium — vorlagen, so bedurfte es keines weiteren Überführungsbeweises, und der Verteidigungsbeweis war ihm abgeschnitten, da er die Tat füglich nicht ableugnen konnte[1]). Als Beispiele werden in den Quellen folgende erwähnt. Der Beschuldigte ist cum cultello cruentato beim Getöteten angetroffen und ergriffen worden, oder: Herr und Diener haben gemeinsam genächtigt, der Herr wird ermordet aufgefunden, der Diener hat aber weder das Gerüfte erhoben, noch ist er etwa bei der Verteidigung selbst verwundet worden. In solchen und ähnlichen Fällen fand abweichend von dem ordentlichen ein summarisches Verfahren statt; wurden die erwähnten Umstände dringenden Verdachts durch sofort vernommene Zeugen erwiesen, so erging ohne weiteres auf Grund der bloßen Schuldpräsumtion das Urteil gegen den Beschuldigten[2]). Bracton

---

[1]) Bracton c. 18, § 4, 5; Fleta I 32 § 2; Britton I 6 § 4.

[2]) Bracton und Fleta setzen das stillschweigend voraus; Britton sagt es ausdrücklich, wenn durch „temoignage de ceux

beruft sich für das von ihm Vorgetragene auf eine Constitutio antiqua, ohne diese jedoch näher zu bezeichnen. Ich vermute, daß er dabei eine Bestimmung der Assisa von Clarendon (1166) im Sinne gehabt hat, wonach den im Besitze des Raubes oder Diebstahls ergriffenen Tätern, wenn sie übel beleumdet waren, die Reinigung durch Gottesurteil oder Eid versagt wurde (non habeant legem) und sie deshalb ohne weiteres verurteilt werden konnten[1]. Danach würde sich die Abweichung von dem ordentlichen Verfahren durch das Vorliegen frischer oder handhafter Tat erklären.

Und das entsprach auch durchaus dem geltenden Rechte. Wenn nämlich der Täter auf frischer, handhafter Tat super factum oder cum manu opere, wie es hieß[2], oder bei der sofortigen Verfolgung danach ergriffen und vor Gericht gebracht worden, fand hier ein schleuniges Verfahren statt, bei dem die sonst im Rüge- wie im Appell-

---

qui viront la felonie fete" bezeugt worden. — Die Lehre von den violentae praesumtiones erinnern an die Theorie der älteren italienischen Schule von den praesumtiones et indicia indubitata, ex quibus condemnatio sequi possit. Vgl. Alb. de Gandino, de Malef. tit. de praesumtionibus et indic. indub., wo auch das Beispiel von dem gladius sanguinolentus sich findet. Da Bracton bekanntlich die Glossatoren benutzt hat, ist es sehr wohl möglich, daß ihm auch die Schriften der italienischen Praktiker bekannt gewesen sind, zumal gerade zu seiner Zeit ein lebhafter Verkehr zwischen England und Italien stattfand.

[1] Stubbs, Select Charters 138. Et si aliquis captus fuerit seisitus de roberia vel latrocinio, si ipse fuerit diffamatus et habeat malum testimonium . . . non habeat legem.

[2] Dem manu opere entspricht in der französisch-englischen Rechtssprache das Wort mainour, das ebensowohl die Tat, wie den Gegenstand, wie auch das bei der Tat benutzte Werkzeug bedeuten kann.

prozeß üblichen Beweisregeln außer acht blieben. Zur Überführung genügte die Bescheinigung der handhaften Tat, und ohne daß dem Täter ein Verteidigungsbeweis gestattet wurde, empfing er durch sofort gesprochenes Urteil die Sühne für seine Tat. Die Protokolle über die Verhandlungen auf dem Iter von 1221 enthalten mehrere solcher Fälle [1]. In dem einen war der Täter auf frischer Tat mit blutigem Messer cum cnipulo (knife) sanguinolento ergriffen, und da diese Tatsache von einer Villata und Geschworenen bezeugt worden, wurde er sofort zum Strang verurteilt [2]. Ein gleiches Los erlitt ein anderer Totschläger, den bei der Tat anwesende Augenzeugen mit dem Mordinstrument, einem Knüttel in Händen festgenommen hatten [3]. Die in beiden Fällen zugezogenen Geschworenen hatten keineswegs die Aufgabe, als Patria über die Schuld oder Nichtschuld des Ergriffenen zu entscheiden, zumal der Täter sich auf sie gar nicht berufen hatte; sie sollten vielmehr lediglich die Tatsache der Ergreifung auf frischer Tat bekunden und gleich andern Zeugen bestätigen.

Besonders eingehend befassen sich die Quellen mit dem Verfahren gegen die auf frischer Tat ergriffenen Diebe.

B r a c t o n unterscheidet in Anlehnung an das römische Recht furtum manifestum und non manifestum.

---

[1] Maitland Nr. 174, 189, 394.

[2] Nr. 174 W . . . captus fuit super factum cum cnipulo sanguinolento et hoc testatum est per villatam et XII juratores et ideo non potest dedicere.

[3] Nr. 394. Sed quia ipse (W.) captus fuit super factum, tenens adhuc in manu sua baculum, unde ipse occidit eum . . . consideratum est, quod ipse non potest dedicere, et ideo suspendatur.

Ersteres lag vor, wenn der Dieb bei seiner Ergreifung sich im Besitz des gestohlenen Gutes befand oder, wie es in der volkstümlichen Sprache hieß, er handhebbende und backberende war, und der Bestohlene ihn auf frischer Tat verfolgt und vor die Obrigkeit gebracht hatte[1]). Während die furta non manifesta vor den ordentlichen Gerichten im gewöhnlichen Strafverfahren verhandelt wurden, sofern der Bestohlene es nicht vorzog, sein Gut oder die Entschädigung dafür im Wege des Zivilprozesses zu erlangen, gehörten die furta manifesta, und selbst die todeswürdigen[2]), zur Kompetenz der niederen Gerichte, sei es der Komitatsgerichte, sei es, was meistens der Fall war, vor die Gerichte der mit Freibriefen für ihre Bezirke versehenen weltlichen und geistlichen Grund- und Gerichtsherren. Dabei war es von besonderer Wichtigkeit, ob dem Gerichtsherrn nur das sog. Infangthef oder zugleich mit ihm auch das Utfangthef zustand. Ersteres bedeutete die Befugnis, über die innerhalb des Bezirks als Diebe ergriffenen eigenen Untertanen zu Gericht zu sitzen, Utfangthef aber das Recht, auch über fremde, aber innerhalb der eigenen Gebiets ergriffenen Diebe Urteil

---

[1]) Bracton c. 32 § 2 furtum manifestum est, ubi latro deprehensus est seysitus de aliquo latrocinio, scilicet hand hebbende et backberende et insecutus fuerit per aliquem cujus res illa fuit quae (? qui) dicitur saccaburt (?). Bracton 35 § 1 hat dafür saccaber, ebenso Britton I 10 § 1. Es scheint, daß dieses Wort bisweilen auch die gestohlene Sache bedeutet, regelmäßig aber ist damit der Bestohlene gemeint. Bei Fleta I 38 § 1 findet sich die Fassung sackborgh.

[2]) Die Grenze zwischen kleinem und großem Diebstahl waren 12 denarii (pence); streitig war aber ob schon die Erreichung oder die Überschreitung dieses Betrags, den Diebstahl zu einem todeswürdigen machte.

zu fällen. Außerhalb seines Bezirks durfte der Gerichtsherr keinerlei Gerichtsbarkeit, auch nicht gegen seine eigenen Eingesessenen ausüben[1]).

Besetzt waren diese curiae baronum, oder wie sie sonst heißen mochten, mit dem Gerichtsherrn als Vorsitzenden oder seinem Vertreter und einer Anzahl dingpflichtiger Beisitzer (sectatores). Außerdem war die Anwesenheit des Coroners bei den Verhandlungen geboten, einerseits in seiner Eigenschaft als Urkundsperson, um ein gültiges Protokoll abzufassen, da den niederen Gerichten die Recordfähigkeit abging, und andrerseits als königlicher Beamter und als Kontrollorgan mit der Verpflichtung, darüber zu wachen, daß gesetzmäßig und ohne Verstöße gegen das Landesrecht verfahren wurde.

Wie gestaltete sich nun das Verfahren, wenn der auf frischer Tat ergriffene Dieb mit dem gestohlenen Gut von dem Saccaber vor Gericht geführt und angeklagt wurde? Die gewöhnlichen Beweis- und Verteidigungsmittel waren ausgeschlossen; es genügte, daß die Ergreifung oder Verfolgung auf frischer Tat durch das Zeugnis ehrlicher Leute bescheinigt wurde und daß auch der Bestohlene durch sie sein Recht an dem gestohlenen Gute nachwies[2]). Streitig war aber, ob auf diese Information allein hin die Verurteilung des Diebes erfolgen und die Todesstrafe verhängt werden durfte. Bracton hat jedenfalls Bedenken getragen, diese Folgerung zu ziehen; er meint, dem Diebe bliebe nur, vor dem Coroner ein Geständnis abzulegen, so daß er die Tat nicht mehr abstreiten könne. Was aber geschehen sollte, wenn er sich zu einem Geständnisse nicht

---

[1]) Bracton l. c.; Fleta I 47, § 4 ff.

[2]) Bracton c. 32 § 2 testimonium bonorum et proborum hominum; Britton I 16 § 1 temoignage de leaux gentz.

bequemte, läßt Bracton völlig im unklaren. Fleta und Britton haben sich dagegen über diese Bedenken hinweggesetzt; denn beide lassen den auf frischer Tat ergriffenen Dieb auf die erwähnten Feststellungen hin den Tod erleiden[1]. Diese etwas laxe Theorie fand jedoch bei den höheren Richtern keine Billigung; sie hielten in der Praxis sich an die strengere Ansicht und verlangten im Verfahren auf handhafte Tat, daß der Dieb ein Geständnis abgelegt haben müsse, bevor auf Todesstrafe zu erkennen sei. Vielleicht hat hierbei der Umstand mitgewirkt, dem Täter die Möglichkeit zu gewähren, als Probator zur Überführung seiner Mitschuldigen zu dienen. Bestätigt wird die Rechtsanschauung der Richter durch eine in den mehrerwähnten Yearbooks von 1302 und 1303 mitgeteilte Entscheidung.

Den Justitiarien war von einer Rügejury berichtet worden, daß nach einer in Yorkshire geltenden Gewohnheit ein mit dem gestohlenen Gute (cum sacrabare vel cum manuali opere) ergriffener Dieb geköpft worden sei, ohne daß er vorher ein Geständnis abgelegt habe. Die Richter mißbilligten ein solches Verfahren als durchaus unstatthaft. Aus dem bloßen Besitz des ‚sacrabare' folge noch nicht die Überführung des Täters, und ohne Geständnis ihn zu verurteilen, stünde nicht einmal ihnen, den Justitiarien, zu, geschweige denn den Villaten. Sie gingen aber noch weiter und verurteilten denjenigen zum Strange, der die Hinrichtung wider Recht bewirkt hatte[2].

---

[1]) Fleta I 38 § 1 cum furtum dedicere non poterit, mortí debet condemnari; Britton I 16 § 1.

[2]) Yearbooks 1302/03 Anh. II 545. Et quia compertum est per duodecim quod non cognovit furtum antequam fuit decollatus, ideo ipse qui eum decollabat erit suspensus; et hoc

Auch in dem folgenden Falle handelte es sich um ein von einem niederen Gerichte wegen handhaften Diebstahls erlassenes Todesurteil und der von den königlichen Richtern an dem Verfahren geübten Kritik.

Der Fall kam auf der Rundreise durch die Grafschaft Cornwall im Jahre 1302 vor dem die Verhandlung leitenden Sir Henry Spigornel zur Sprache[1]).

Aus der Stadt Boddon, in der die Gerichtsbarkeit dem dortigen Prior als Gerichtsherrn zustand, war angezeigt worden, daß ein Dieb ergriffen, vor Gericht gestellt und gehenkt worden war. Aus dem von Spigornel von den Gerichtsbeisitzern sofort erforderten Bericht ergab sich folgender Tatbestand. Auf dem Marktplatz zu Boddon hatte ein gewisser Matheu den Robert mit seinem in der Nacht zuvor aus seinem Hause in der Stadt T. gestohlenen Pferde angetroffen, das Gerüfte erhoben und ihn samt dem Pferde vor das von dem Prior in Eile. unter dem Vorsitze seines Seneschalls zusammengerufene Gericht gebracht und gegen ihn Anklage wegen Felonie und wegen Friedensbruch in der üblichen Form erhoben. Robert hatte die Felonie zugestanden, worauf das Urteil gesprochen und vollzogen worden war. Die weitere Verhandlung folgt hier nach dem überlieferten Berichte.

Spigornel: Man rufe den Prior.

---

quia non habuit majorem potestatem per illam consuetudinem quam Iusticiarii habent. Sed coram justiciariis „sacrabare“ non est pro commisso uno, oportet quod confiteatur antequam possit eum dampnare, ergo pari ratione coram quatuor villatis. Sacrabare kann in dieser Stelle nur das gestohlene Gut bedeuten.

[1]) Yearbooks Anh. I 501. Die Überschrift der Sammlung lautet: Incipiant Placita coronae coram Spigornel etc.

Der Prior erscheint in Begleitung seines Anwalts Hunt (wohl abgekürzter Name).

Spigornel: Die Gerichtsmänner haben so und so berichtet, es scheint aber ein grober Irrtum vorgekommen zu sein. Beansprucht Ihr das Recht auf Infangthef und Utfangthef?

Hunt: Herr, er beansprucht nur Infangthef.

Spigornel: Ist das Verbrechen innerhalb Eures Bezirks begangen?

Antwort: Nein, Herr.

Spigornel: Wo dann?

Antwort: Das wissen wir nicht, Herr.

Spigornel: Nun, Herr Prior, wie wollt Ihr in Eurem Gericht eine Felonie verhandeln, die außerhalb Eures Bezirks begangen ist, da Ihr doch nur Infangthef beansprucht?

Hunt: Wir sagen, Infangthef liegt auch dann vor, wenn ein Dieb mit dem gestohlenen Gut (ove meynour) ergriffen und von jemand belangt wird, sofern er sich dem Gerichte unterwerfen will. Dann dürfen wir die Sache verhandeln und auch das Urteil erlassen[1]).

Spigornel: Ich habe Euch schon gesagt, daß nach dem Zeugnis der Beisitzer er sich als Dieb bekannt habe und sie zum Urteil geschritten seien. Durftet Ihr aber das tun ohne Zuziehung des Coroners?

Hunt: Gewiß nicht; wenn er aber sich da, wo er mit der handhaften Tat gefunden war, dem Gericht

---

[1]) Nous dioms infangthef quant un laron est pris ove meynour a sute de akun e sil se voyle mettre en la court, nous tendroms cel play e irroms a jugement sil seyt dampne.

unterworfen hat, dürfen wir allerdings zum Urteil schreiten[1]).

Spigornel: Ihr habt doch wohl verstanden, daß Ihr über einen geständigen Verbrecher Urteil ohne Zuziehung des Coroners gefällt habt, der allein ein Urkundszeugnis geben konnte, während Euer Gericht das nicht kann. Und das könnt Ihr nicht bestreiten. Erwartet Euer Urteil nächsten Montag.

Damit bricht leider der Bericht ab, so daß der Schluß der Sache uns fehlt.

Bemerkenswert ist, daß auch in diesem Falle die Verurteilung nicht auf das Vorhandensein der handhaften Tat allein, sondern in Verbindung mit dem Geständnisse erfolgt ist, ein Beweis, daß damals die ältere Übung aufgegeben war. Auch machte dieserhalb Spigornel dem Gerichtsherrn keinen Vorwurf. Dieser richtet sich zunächst dagegen, daß er, ohne Utfangthef zu besitzen, sich Gerichtsbarkeit über einen Externen und über eine außerhalb seines Bezirks begangene Tat angemaßt habe. Sein Anwalt widerlegt diesen Vorwurf mit der Behauptung, daß der Täter sich freiwillig dem Gericht des Priors unterworfen habe, und Spigornel erkannte diese Entschuldigung als richtig an und hat in dieser Beziehung seinen Angriff fallen gelassen. Scharf betont er aber die unterlassene Zuziehung des Coroners, dessen Mitwirkung bei der Verhandlung als Urkundsperson, wie früher erwähnt, vorgeschrieben war, da er allein den Record, namentlich auch über das Geständnis, aufnehmen konnte. In dieser Unterlassung findet Spigornel einen

---

[1]) — — et purrez ceo fere sans presentement de coroner? Presentement bedeutet hier nicht wie sonst Rüge, Anklage, sondern einfach Zuziehung, Mitwirkung.

groben Verstoß, und seine Schlußbemerkung deutet an, daß dem Herrn Prior und seinem Seneschall am nächsten Montag mindestens eine scharfe Rüge, wenn nicht Schlimmeres bevorstand.

Damit können wir diese Skizze des Verfahrens auf frische, handhafte Tat abbrechen. Wenn es sich noch am Anfang des vierzehnten Jahrhunderts in Übung befand, so verschwand es doch bald nachher aus der Rechtsprechung und blieb nur noch als historische Antiquität in der Erinnerung an die Vergangenheit[1]). Die Richter mochten sich der Gefahren, die mit dieser Schnellprozedur verbunden waren, nicht verschlossen haben; und auch ohne förmliche Abschaffung durch Akt der Gesetzgebung starb dies summarische Verfahren ab, seitdem der Grundsatz mehr und mehr zur Herrschaft gelangt war, daß zur Einleitung eines Strafverfahrens wegen Felonie die beiden Wege Rüge oder Appell ausschließlich benutzt werden mußten, und daß die Entscheidung über Schuld oder Nichtschuld, abgesehen vom Zweikampf, regelmäßig durch den legalen Spruch einer gesetzlich berufenen Jury zu erfolgen habe. Das sog. summarische Verfahren des neuen Rechts fällt außerhalb des Rahmens dieser Skizze.

[1]) Als solche behandelt es Staunford, 29^v, 179^v.

X.

Das Beneficium clericorum.

Das bekannte Vorrecht des Klerus, in Strafsachen nur vor dem geistlichen Gerichte Recht zu nehmen und zu geben, galt auch in England. Der vor den königlichen Richtern angeklagte Kleriker konnte seine Verweisung vor den Ordinarius der Curia Christianitatis fordern. Dies der Inhalt des beneficium clericale (benefit of clergy), das, durch Rechtsübung und Gesetzgebung zu einem äußerst komplizierten System ausgestaltet, jahrhundertelang einen wesentlichen Teil des englischen Strafrechts gebildet hat. Vor dem geistlichen Richter hatte der Angeschuldigte sich durch die purgatio canonica von dem Verdachte zu reinigen und war dann straflos; gelang die Purgatio ihm nicht, so traf ihn höchstens die Strafe des kanonischen Rechts, von der weltlichen blieb er aber verschont, wie schwer auch seine Verfehlungen gewesen sein mochten [1]).

Ursprünglich auf die ordinierten Geistlichen beschränkt, erfuhr dies Privilegium im Laufe der Zeit erhebliche Erweiterungen unter dem Einfluß der höheren Geistlichkeit und der Nachgiebigkeit der weltlichen Gewalt gegen ihre Forderungen. Da nach dem damaligen Stande der Volksbildung Lesenskunde fast nur bei den

---

[1]) Bracton c. 9; Britton I 5, § 3–5, I 27, § 10; Staunford 126—142.

Mitgliedern des Klerus zu finden war, die große Masse des gemeinen Volks aber diese Fähigkeit entbehrte, so wurde angenommen, daß schon diejenigen, die tatsächlich oder auch nur angeblich in der Vorbereitung zum geistlichen Berufe standen, sich bereits das Lesen angeeignet hätten und daher als Kleriker anzusehen seien.

Schließlich genügte es, um die Wohltat des Privilegs zu genießen, daß der Betreffende zur Not lesen konnte. Denn nach einem viel verbreiteten Sprichwort non tonsura facit clericum sed literatura ward dies nunmehr der allgemeine Nachweis, ob die Kirche jemand als ihren Angehörigen reklamieren durfte oder nicht.

Zahlreiche Laien, die mit der Kirche nichts zu tun hatten oder zu ihr oder zu den Geistlichen in rein vertragsmäßigen oder ganz äußerlichen Verhältnissen standen, wie Dienstboten, Arbeiter, Pächter und andere, machten sich diese Erweiterung zunutze. Zu verlockend erschien die Aussicht, nach Begehung von Mordtaten oder andrer schwerer Verbrechen sich dem drohenden weltlichen Henkerstrick zu entziehen und sich unter die schützenden Fittiche der Kirche zu flüchten. Und die milde Kirche machte es dem Sünder nicht zu schwer. Die von dem Ordinarius mit ihm angestellte Leseprobe beschränkte sich meist auf ein paar Verse aus einem Hymnenbuche. Vielfach wurde auch geklagt, daß Gefängnisaufseher um äußerer Vorteile willen Gefangenen die Anfangsgründe der Lesekunst beizubringen versuchten.

Und auch mit dem Reinigungsprozeß nahm es das geistliche Gericht nicht gar zu ernst. Gelang es dem Angeschuldigten, Leute zu finden, die bereit waren, mit ihm seine Unschuld zu beschwören — und das war häufig nur eine Geldfrage — so konnte er reingewaschen erhobenen Haupts davongehen und sich zu neuen Schandtaten rüsten. Der weltliche Arm durfte ihm nichts anhaben.

Diese Scheidung des Volks in zwei nach ganz verschiedenen Maßstäben zu behandelnden Klassen mußte eine Verwirrung in die sittlichen und rechtlichen Anschauungen der Bevölkerung hineintragen und geradezu unerträgliche Mißstände für die Strafrechtspflege zur Folge haben. Sie war recht geeignet, den Haß und die Verachtung zu steigern, die weite Kreise des Laienstandes gegen die Mitglieder des Klerus, namentlich des niederen, beherrschten[1]).

Versagt wurde das beneficium clericale denjenigen, die nach kanonistischer Auffassung als bigami galten, d. h. solchen, die entweder nacheinander zwei Frauen oder auch nur einmal eine Witwe geheiratet hatten. Diese Versagung beruhte auf dem auf dem Konzil zu Lyon 1274 gefaßten Beschlusse, daß den Bigamis alle Privilegien des geistlichen Standes abzusprechen seien[2]). Dieser Konzilsbeschluß ward dann auch für England durch eine Verordnung König Eduards I., das sog. Statutum de bigamis vom Jahre 1276, bestätigt und zum geltenden Recht erhoben[3]).

---

[1]) Vgl. hierüber Pike I 297 ff., 483.

[2]) c. un. in VI[to] de bigamis 1. 12 bigamos omni privilegio clericali declaramus esse nudatos.

[3]) Statut. de bigamis c. 5. De bigamis quos dom. Papa in Concilio suo Lugdunensi omni privilegio clericali privavit per constitutionem inde editam — concordatum est et declaratum coram Rege et consilio suo, quod constitutio illa intelligenda sit, quod sive effecti fuerint bigami ante praedictam constitutionem sive post de cetero non liberentur praelatis, immo fiat de eis justitia sicut de laicis.

In dem oben dargestellten Rechtsfalle des Sir Hugo kam diese Bestimmung zur Anwendung. Der Richter ließ sich durch das Vorgeben des Angeklagten, Kleriker zu sein, so wenig wie durch die Reklamation seines Ordinarius täuschen. Er wußte, daß Hugo verheiratet sei, und zwar mit einer Witwe, und demzufolge den Anspruch auf die Rechtswohltat verwirkt habe; er ließ die streitig gewordene Frage, ob die Gattin Hugos Witwe gewesen oder nicht durch eine sofort ad hoc berufene Jury entscheiden, und da durch deren Verdikt die Behauptung Sir Hugos widerlegt ward, war auch sein Einwand, Kleriker zu sein, hinfällig geworden; er mußte sich dem gemeinen Rechte unterwerfen. Sein späteres Geständnis der Lesensunkunde hätte allein schon zu dem gleichen Ergebnis geführt.

Der Angeklagte konnte den Einwand, Kleriker zu sein, geltend machen, sobald er vor den weltlichen Richter gestellt worden war und die Tat bestritten hatte, unter der Voraussetzung, daß das geistliche Gericht ihn beanspruchte; dann wurde er diesem überwiesen und, wenn er sich in Haft befand, auch dem Gefängnis des letzteren. Da es vorgekommen war, daß geistliche Gerichte aus Nachlässigkeit oder Konnivenz für den Angeklagten ihm die Purgatio abzufordern verabsäumten oder gar ihn ohne solche freigelassen hatten, erging vom Könige in dem Westminsterstatut I von 1275 eine ernste Mahnung an die höhere Geistlichkeit zur Erfüllung ihrer Pflichten[1].

---

[1]) Stat. Westm. I c. 5. Et le Roy admonest les Prelates et eux enjoint, en la foy quels luy doivent et pur la common profit de la peace de la terre que ceux qui sont endites de tiel rette . . . en nul manere deliveront sans purgation.

Mit derartigen Beschwerden stand ein anderer Weg im Zusammenhang, den das königliche Gericht einschlug, worüber Britton Näheres berichtet[1]). Unerachtet des Einwands des Angeklagten und der Reklamation des Ordinarius durfte der Richter das Verfahren fortführen und von Amts wegen durch eine Inquisitio, d. h. also durch eine Jurata feststellen lassen, ob er schuldig sei oder nicht. Dies Verfahren konnte auch im eigenen Interesse des Angeklagten liegen, wenn er auf Freisprechung rechnen durfte. Sprach ihn die Jurata für nichtschuldig, so wurde ihm das Verfahren vor dem geistlichen Gerichte völlig erspart. Wurde er dagegen für schuldig erklärt, so durfte der königliche Richter zwar nicht die Strafe des gemeinen Rechts über ihn verhängen, hatte vielmehr nach der Regel ihn dem Ordinarius zur Purgatio zu überweisen; da er aber nunmehr ein clericus convictus war, wurden gegen ihn die vermögensrechtlichen Folgen, Beschlagnahme der Mobilien usw., wie auf Grund einer wirklichen Verurteilung vollzogen. So kamen bei diesem Verfahren auch die Interessen des königlichen Schatzes zur Geltung, und eben darum wurde es in der Praxis das beliebtere.

Die Verfolgung der weiteren Entwicklung des Klerikerprivilegs durch die späteren Zeiten fällt außerhalb unserer Aufgabe. Es genüge die Bemerkung, daß, während anfänglich diese Wohltat auf alle, auch die

---

[1]) Britton I 5 § 3 ff. Si clerk encarpé de felonie allegea clergy et tiel trouve et l'ordinarie demaund, doncque serra inquise comment il est miscrue, et si per les presentours il est trouve nient miscrue donque il alera quite. Et sil soit trouve miscrue si soint ses chateux taxis et ses terres prises in maine le Roy, et son corps deliveré al ordinarie.

schwersten Felonien, mit Ausnahme des Hochverrats gegen die Person des Königs Anwendung fand, seit der Zeit der Tudors der Kreis der davon durch Gesetzgebung ausgenommenen Verbrechen immer größer wurde, daß aber erst im neunzehnten Jahrhundert die letzten Spuren dieser merkwürdigen Institution als historische Antiquitäten beseitigt worden sind[1]).

[1]) Durch Akte 7/8 Geo 4 c. 8. Näheres bei Stephen I 462 ff.

Druck von C. Schulze & Co., G. m. b. H., Gräfenhainichen.

FSC
www.fsc.org
MIX
Papier | Fördert gute Waldnutzung
FSC® C083411

Kolibri 360 GmbH
Ferdinand-Jühlke-Straße 7
99095 Erfurt, Deutschland
produktsicherheit@kolibri360.de